책을 덮고 삶을 열다

정혜윤

책을 덮고
삶을 열다

nox

차례

계속 말을 거는 목소리 하나가 마음에 남을 수 있다 … 7
삶의 재료 … 15
변신의 여행 … 35
슬픔, 아름다움, 운명 … 71
내 인생 이야기하는 법 … 103
우리 함께 어둠을 … 133
책의 마법, 삶의 마법 … 169

미주 … 181
참고 문헌 … 183

계속 말을 거는
목소리 하나가 마음에
남을 수 있다

옛날 옛날에, 그렇게 오랜 옛날은 아니지만 일본 규슈 가고시마현 남쪽 야쿠시마섬에 야마오 산세이라는 농부 시인이 살고 있었다. 매일 농사를 짓던, 즉 끝나지 않는 노동을 하던 그는 그리스신화 시시포스에 대해 깊게 생각을 했다. 그리고 「시시포스」라는 시를 썼다.

> 시시포스라는 사람은
> 신으로부터 영원히 죽을 수 없는 형벌을 받고
> 힘에 겨운 커다란 바위를 산꼭대기까지 지고 올라가면
> 그 바위는 소리를 내며 바닥까지 굴러떨어진다
> 다시 그 바위를 산꼭대기까지 짊어지고 올라가면
> 바위는 다시 소리를 내며 바닥으로 굴러떨어진다
> 영원히 죽지 못하고 영원히 이 일을 계속해야 하는 것이
> 시시포스에 주어진 형벌이었다고 들었다

여기까지는 우리가 아는 시시포스 신화 이야기다. 시는 이렇게 이어진다.

    이 형벌을
    형벌이 아니게 하는 길이 몇 가지는 있다
    그 하나는 시시포스가 힘에 부치는 커다란 바위를 산꼭대기까지 다 짊어지고 올라갔을 그때의 기쁨이고
    또 하나는 커다란 돌이 다시 바닥으로 굴러떨어지는 것을 바라볼 때의 휴식이고
    다시
    또 한차례 그 바위를 짊어지고 오르기 위해
    천천히 산을 내려갈 때
    주변 풍경이 주는 짧지만 깊은 위로다
    형벌이란 하나의 단면이다
    형벌이란 한 단면의 풍경이다
    형벌은 영원히 계속되고 기쁨과 위로 또한 영원히 이어진다

시시포스는 인류 모두의 신화다. 우리 공통의 이야기다. 뭔가 하려는 사람치고 등허리에 바위를 짊어지지 않은 사람은 없다. 엄청난 반복이라는 시시포스의 노력 없이

이룰 수 있는 것은 없다. 시시포스 신화는 평생의 일이다. 시시포스의 언덕을 오르내리는 동안 우리 몸에 피로와 그림자, 아무리 노력해봤자 헛수고라는 불행의 자의식도 생긴다. 지금 이렇게 글을 쓰고 있는 나도 내 어깨에 있는, 힘에 부치는 바위의 무게를 느낀다. 그 무게가 이렇게 묻게 만든다. '혼란스러운 마음으로 책상에 앉아 뭘 하려는 거야', '지금 뭘 하느라 에너지를 끌어모으는 거야', '지금 내가 천국에 있는 거야, 지옥에 있는 거야.'

이 시에는 형벌을 형벌이 아니게 하는 세 가지 순간이 나온다. 그중 특히 마지막 순간, "또 한차례 그 바위를 짊어지고 오르기 위해 / 천천히 산을 내려갈 때 / 주변 풍경이 주는 짧지만 깊은 위로"의 순간은 특별하다. 이 시간에 내가 주로 한 일이 책을 읽거나 자연 속에 들어가는 것이었다. 나에게 주는 선물 같은 시간이었다. 내 노동 말고, 내 짐 말고, 내 압박감, 긴장감 말고 다른 것에 빠져보고, 내 내면 말고 다른 세상이 펼쳐지는 것을 발견하는 시간이기 때문에 선물이었다. 빛의 일렁거림이나 꽃의 하늘거림 같은 것에 눈길을 주고 있으면 지친 와중에도 행복했다. 나는 늘 책을 읽거나 뭔가를 바라보고 있으니, 늘 나 자신에게 선물을 주고 있는 셈이다.

책을 읽다 보면 '선물 같은' 생각 하나, 문장 하나가 떠오르기도 한다. 우연히 마주친 책의 한 구절, 시 한 소절, 얼핏 떠오른 생각 하나, 사랑의 말 한마디. 이런 것들이 대체 무엇이길래 그렇게 소중하게 느껴지는 것일까? 마음을 뒤흔드는 이 덧없는 것들의 정체는 무엇일까? 그것들이 무엇이길래 감동을 받고 조금 더 잘해야겠다, 이겨내야겠다, 다짐하게 하는 것일까? 그것들이 무엇이길래 어떻게든 삶으로 바꾸려고 하는 것일까?

그 짧은 휴식 시간에 많은 생각이 내 머리를 스쳐간다. '가장 좋은 생각이 나를 움직이게 하라.' 이런 마음이 든다면, 작은 빛 하나를 들고 일어서는 것과도 같다. 휴식은 끝나도 끝나지 않는 생각이, 계속 말을 거는 목소리 하나가 마음에 남을 수 있다.

이 시는 이렇게 끝난다.

> 내가 좋아하는 나쓰메 소세키라는 소설가는
> 이 형벌과 위로의 산기슭에서 서서
> 민들레처럼 작은 사람으로 태어났으면
> 하고 기도했다[1]

나쓰메 소세키는 민들레의 사랑스러움을 놓치지 않았다.
그는 정말로 좋은 것(민들레처럼 되기)을 욕망할 줄 알았다.
그가 그렇게 되기를 '정말로' 원했다면 그렇게 되었을
것이다. 민들레는 희망의 상징이고 우리 인류는 생각한
것보다 훨씬 더 희망을 사랑한다. 민들레라는 단어 안으로
들어갈 (결코 포기하지 않는) 인간의 이야기가 아주 많다.
민들레는 우리 인류의 영원한 풍경이 될 것이다.

우리 인류가 옛날에도 좋아했고 앞으로도 좋아할 것이
많다. 나는 머리 위로 커다란 구름이 지나갈 때의 인간의
모습이 좋고 꽃그늘 아래 있는 인간의 모습이 좋다. 햇살이
좋은 날 사랑하는 사람이랑 빛을 쬐는 인간의 모습이 좋다.
강물에 손을 담그고 빛을 바라보는 인간의 모습이 좋다.
커다란 느티나무 아래 모여 있는 인간의 모습이 좋고
새들이 새끼를 품고 있는 둥지가 숨겨져 있는 절벽이 좋고
그 둥지를 지키려는 인간의 모습이 좋다.
　나쓰메 소세키의 기도가 민들레 같은 사람이 되는
것이었다면 나는 저 멀리서 빛이 새어 나오는 숲길이고
싶다. 아니, 사실은 되고 싶은 것이 너무 많다. 나는 인간의
아름다움과 영원히 함께하는 많은 것들이 되고 싶다.
구름처럼, 나무처럼, 꽃처럼. 강처럼, 물결처럼. 이 "형벌과

위로의 산기슭"에서 누군가 바라보고, 온기를 느끼고, 힘이 날 작은 빛이 되고 싶다. 그런 삶을 살고 싶다. 그 일을 위해서, 내 짐을 즐겁게 힘껏 지는 것이 나의 삶이다. 그 짐을 잘 지려고 읽는 것인지도 모르겠다.

   어느 날 "형벌과 위로의 산기슭"에서 이렇게 말하고 싶다. 지금 나는 지쳐 있지만 노력했다고, 그 모든 일이 좋았다고, 내 말은 진실이라고. 이것은 내가 아주 좋아하는 진실이라고.

삶의 재료

만약 누군가 나에게 책이 갖는 의미가 무엇이냐고 묻는다면
이야기를 시작해볼 수 있는 책 한 권이 떠오른다.

오래된 이야기

산이 많은 노르웨이에 베를레보그라는 작은 마을이 있었다.
그 마을의 노란 집에 나이 많은 두 자매가 살고 있었다. 두
자매의 이름은 마르티네와 필리파였다. 두 자매의 아버지는
목사이자 예언가였지만 오래전에 세상을 떠났다.

젊었을 때 마르티네와 필리파는 무척 아름다웠다.
마르티네가 열여덟 살이 되던 1854년, 근처 마을에 온
로렌스라는 잘생긴 젊은 장교가 마르티네를 보고 첫눈에
사랑에 빠졌다. 마르티네는 그와 사랑에 빠질 수도 있었다.
그러나 그런 일은 일어나지 않았다.
　로렌스가 떠나자 프랑스의 명가수 아실 파팽이 마을에

왔다가 필리파를 발견했다. 필리파는 노래를 아주 잘했다. '파리를 뒤흔들어놓을 수 있는 프리마돈나가 이 산골 마을에 있다니!' 아실은 필리파에게 말했다.

"필리파, 당신은 가장 빛나는 디바가 될 거야. 당신이 스승인 나의 팔짱을 끼고 유서 깊은 파리의 오페라 극장을 나서면 사람들은 당신을 멋진 식사가 기다리고 있는 유명한 카페 앙글레로 다투어 모실 거야."

필리파는 눈부신 프리마돈나가 될 수도 있었다. 그러나 그런 일은 일어나지 않았다. 어떤 일인가 일어날 줄 알았는데 아무 일도 일어나지 않는 것, 이것도 인생 이야기라고 할 수 있을까?

조용한 시간이 작은 마을 위로 흘렀다. 아실 파팽이 떠난 지 15년이 지난 어느 비 내리는 밤, 누군가 노란 집 초인종 줄을 세 번 잡아당겼다. 몸집이 큰 여인이었다. 그는 아실 파팽의 편지를 품에 안고 왔다. 편지의 내용은 편지를 가져가는 사람은 바베트 부인이고 부인은 프랑스 혁명이 일어나고 코뮌의 편에 섰다가 가족과 모든 것을 잃었으니 자비롭게 받아달라는 것이었다. 편지의 끝에는 바베트는 요리를 할 줄 아는 사람이라고 적혀 있었다.

바베트는 그 뒤로 자매와 함께 살게 되었다. 자매는

곧 바베트에게 신비로운 힘이 있다는 것을 알게 되었다. 가난하고 아픈 사람들은 바베트가 준비한 빵과 수프를 먹고 살이 올랐다.

죽은 목사의 백 번째 생일을 앞두고 놀라운 일이 일어났다. 바베트가 프랑스의 만 프랑짜리 복권에 당첨된 것이다. 자매들은 축하하면서도 마음이 어두워졌다. 바베트가 프랑스로 돌아가면 늙고 가난한 이웃들은 누가 돌보게 될까.
  9월 어느 날, 바베트가 자매를 만나러 거실로 들어왔다. 바베트는 목사의 생일 축하 만찬을 자신이 직접 요리하게 해달라고 부탁했다. 그리고 이번 한 번만 노르웨이 음식이 아니라 진짜 프랑스 요리를 하고 싶다고 했다. 마지막 부탁도 있었다. 프랑스식 만찬을 자신의 돈으로 차리게 허락해달라는 것이었다.
  "그건 안 돼, 바베트."
  그러나 바베트의 행동에는 단호한 구석이 있었다. 12월이 되자 바베트가 준비한 엄청난 양의 식재료들이 도착했다.

눈이 하염없이 내리는 어느 일요일 아침, 눈과 함께 반가운 손님이 왔다. 로렌스 장군이 다시 베를레보그를 찾아온 것이다. 그렇게 해서 만찬의 손님 수는 열둘이 되었다.

목사의 생일날이 되자 자매는 거실을 최대한 정성껏 꾸미기
시작했다. 아무도 춥지 않도록 거실에는 하루 종일 자작나무
장작을 땠다. 그리고 향나무 가지를 태워 은은한 향기가
감돌게 했다. 자매는 가지고 있던 낡은 옷 중에서 가장 나은
것을 입었다.

바베트는 식탁 한가운데에 촛대들을 나란히 세웠다.
바베트의 조수 노릇을 하는 소년이 잔에 포도주를 채웠다.
장군은 포도주를 마시고 깜짝 놀랐다.

"거참 놀랍군. 아몬티야도 아닌가. 그것도 내가 마셔본 것
중 최상품 아몬티야도야."

다른 요리가 나오자 그는 그만 입을 다물었다.

"믿을 수가 없어. 이건 블리니 드미도프잖아."

그의 놀라움은 계속되었다.

"이건 1860년산 뵈보 클리코!"

먹고 마실수록 장군의 몸과 마음이 점점 더 가벼워졌다.
그리고 아주 특별한 음식을 먹던 어느 날이 생각났다. 카페
앙글레의 천재 요리사, 그것도 여자 천재 요리사가 개발한
음식을 먹던 하루. 그때 식사를 함께했던 대령의 말이
떠올랐다.

"그 여인은 카페 앙글레의 저녁을 일종의 사랑으로
탈바꿈시키고 있다네. 육체적인 욕구와 정신적인 희열

사이의 경계를 느낄 수 없는 고귀하고 낭만적인 사랑이지!"

그날 바베트의 만찬을 먹은 사람들에게 이런 일이 일어났다. 말수가 적은 노인들은 말문이 트였고 귀가 어두웠던 사람들은 귀가 열렸다. 한때 서로를 욕했던 사람들은 서로를 용서했고 팔짱을 꼈다. 그들은 저녁 시간 내내 서로를 축복했다.
 "복 받으세요. 복 받으세요."

손님들이 흩어진 뒤 자매는 부엌으로 들어갔다. 바베트는 도마에 걸터앉아 있었다. 바베트는 자매에게 말했다.
 "저는 카페 앙글레의 요리사였어요."
 자매는 바베트에게 온통 고마운 마음뿐이었다.
 "바베트가 파리로 돌아간 후에도, 우리 모두 오늘 저녁을 오래 추억하게 될 거야."
 "저는 파리로 돌아가지 않아요."
 "파리로 돌아가지 않는다고?"
 "안 가요. 그곳엔 아무도 없어요. 제가 아는 사람들은 이제 없어요. 다 갔어요. 모르니 공작, 드카즈 공작, 나리슈킨 왕자, 갈리페 장군, 폴린 공주…… 모두 떠났죠. 모두! 게다가 제가 어떻게 파리로 돌아가겠어요, 마님. 돈 한 푼

없는걸요."

"한 푼도 없다고? 만 프랑은?"

"카페 앙글레에서는 12인분 식사 재료비가 만 프랑이에요."

"바베트, 우리를 위해 가진 돈을 다 쓰다니."

"마님들을 위해서라고요? 아니에요. 저를 위해서였어요."

바베트는 도마에서 일어나 자매 앞에 섰다.

"저는 위대한 예술가예요."

바베트는 잠시 후 한 번 더 말했다.

"위대한 예술가라고요, 마님."

"그러면 이제 평생 가난하게 살려고, 바베트?"

"가난하다고요? 아니요. 전 절대로 가난하지 않아요. 저는 위대한 예술가니까요."

"하지만 바베트가 말한 그 사람들, 그러니까 그 왕자들이며 파리의 귀족들 말이야. 그 사람들은 바베트가 맞서 싸운 사람들이잖아. 바베트는 코뮌 지지자였고! 바베트가 말한 갈리페 장군은 바베트의 남편과 아들을 총살한 사람이잖아! 왜 그 사람들을 잃은 것 때문에 슬퍼하는 거지?"

"맞아요. 저는 코뮌 지지자였어요. 제가 말한 그 사람들은 모두 사악하고 냉혹한 인간들이었어요. 그들은 파리 시민들을 굶주리게 했고 가난한 사람들을 부당하게 억압했어요. 저는 바리케이드를 딛고 일어섰어요. 동지들을 위해 총을 들었어요! 그래요. 하지만 마님, 저는 그들이 이젠 그곳에 없기 때문에 파리로 돌아가지 않아요. 그들은 마님들이 상상하기도 어려운 돈을 써가며 제가 얼마나 훌륭한 예술가인지를 몸소 배우고 훈련받게 했어요. 제겐 그들을 기쁘게 할 수 있는 힘이 있었죠. 제가 최선을 다할 때 그들에게 완벽한 기쁨을 줄 수 있었어요. 그건 파팽 씨도 마찬가지였죠."

"파팽 씨라고?"

필리파가 물었다.

"네, 마님. 파팽 씨요. 그분이 제게 말했죠. 예술가로서 최선을 다할 수 없는 상황에 몰리거나, 최선을 다하지 않고도 박수를 받는 것만큼이나 참을 수 없는 것은 없다고요. 예술가가 세상을 향해 부르짖는 것은 최선을 다할 수 있도록 날 내버려달라는 외침뿐이라고."

필리파는 바베트를 안았다.

"그래, 아직 끝나지 않았어! 바베트, 천국에서는 바베트가 하느님께서 바베트를 지으신 그대로 위대한 예술가로 남을 거야!"

필리파의 뺨에서 눈물이 흘렀다.

"바베트는 천사들을 사로잡을 거야!"

이것은 이자크 디네센의 소설 『바베트의 만찬』을 간추려서 인용한 것이다. 혁명을 꿈꾸던 숙련된 천재 요리사의 비전, 꿈으로서의 식탁이 눈앞에 그려진다. 미각과 영혼이 이렇게 결합하다니 놀랍다. 그 결합으로 소박한 사람들의 삶에 축복처럼 보이는 무슨 일인가 벌어졌다. 바베트의 식탁은 신비로운 힘을 가지고 있었다. 참 아름다운 소설이다.

이것은 오래된 이야기다. 오래된 이야기는 마음에서 마음으로 전해지는 이야기다. 오래된 이야기가 계속 전해지는 이유는 간단하다. 우리가 그것을 계속 살아 있게 하기 때문이다. 우리 마음의 무엇인가가 그 이야기를 계속 필요로 하기 때문이다. 이 이야기의 어디에 우리가 필요로 하는 것이 있을까?

자유, 내 손이 무엇을 해야 하는지 알게 되는 순간
내가 첫 번째로 뽑고 싶은 것은 '자유'다. 바베트는 혁명의 깃발을 꽂을 때만 자유였던 것은 아니다. 노란 집의 도마 앞에 서서 "저는 위대한 예술가예요"라고 말할 때도 '자유'였다.

나의 젊은 날을 강타했던 질문이 있다.

   나는 꿈과는 약간 어긋난 직장이긴 했지만 졸업 전에 취업을 했다. 취업은 기쁜 일이었지만 기쁨은 곧 의심으로 이어졌다. 이 일이 나에게 맞는 일일까? 다른 사람의 옷을 입고 다른 사람의 신발을 신고 있는 것은 아닐까? 다른 일을 찾아야 하는 것은 아닐까? 내가 헤매고 있는 와중에도 다른 사람들은 자신이 뭘 해야 하는지, 무슨 말을 해야 하는지, 아침마다 눈을 뜨고 어디로 가야 하는지 명확하게 알고 있는 것만 같았다. 이 자리가 내 자리야, 이 일이 내 일이야, 그 단순한 확실성이 부러웠다. 나도 내 일을 사랑하고 내 삶을 사랑하고 싶은데, 젠장, 그게 어떻게 하는 것인지 알아야 말이지!

   그런 의심의 순간이 길어질수록 분명한 것은 있었다. 나는 별로 필요하지도 않은 일을 하는 중이야, 그저 시간을 때우는 중이야, 나는 불필요한 사람이야, 라는 자각은 정신적 상처가 된다는 점이다. 나는 무슨 쓸모가 있을까? 내가 있어서 이 세상에 무엇이 가능해질까? 내가 있어서 이 세상에 무슨 일이 일어나게 할 수 있을까?

   질문은 던져졌지만 이 질문들에 대한 답은 신기할 정도로 하얀 공백이었다(우리의 얼마나 많은 부분이 탐색해야 할 미지의 영역이던지!). 나는 가족사진 속에, 친구들의 기억과 이야기 속에 어슴푸레하게 존재하지만 엄밀히 말하면 존재하지 않는 중인 것 같았다. 나는 시간 속 여기저기, 이 거리 저 거리에 흩뿌려져 있었고, 하나로 모아져 또렷한 형체가 만들어지지 않고 있었다. 나도 어딘가에 쓸모 있고 싶다는 욕망이 간절해질수록 슬픔이 짙어졌다. 내가 관찰하기에 나는 아무런 능력이 없었다. 뭘 해도 어설펐고 미숙했고 잘하는 것이 없었다.

나는 네루다의 시를 흉내 내서 이런 넋두리를 하곤 했다. "나는 왜 날개도 없이 날려고 하는 걸까?" 내 자리를 알고 싶다는 내 욕망보다, 그 욕망 때문에 생긴 자의식보다 나를 더 초라하게 만들고 상처 입히는 것은 없었다. 당시 내 마음 상태를 아주 잘 표현한 글이 있다.

> 손이 세계 속에서 '자신의' 대상을 찾지 못했을 때, 얼마나 외롭게 세계 속에서 방황하는지 관찰할 수 있다. 손이 어떤 형태를 찍어 넣고 어떤 가치를 각인할 수 있는 대상을 찾지 못할 경우, 그 손에게 세계는 말 그대로 아무 가치가 없다.[1]

이런 이유로 나는 나 자신으로부터도, 세상으로부터도

소외되어 있었고 버지니아 울프가 말한 계속 찾아오는 슬픔, 즉 '은빛 안개' 속에 있었다. 나와는 달리 카페 앙글레에서 일하던 바베트에게는 이런 일이 벌어졌다.

> 손이 자신의 대상을 발견하는 순간, 손의 움직임은 의미심장해진다. 그 움직임은 제작의 몸짓이 된다. 이제부터 손은 실현해야 할 어떤 가치를 위해 투입된다. 손은 자신의 소명을 찾은 것이다. [⋯] 만들기의 몸짓에 의해서 비로소 이 세계는 '가치 있는' 것이 된다.[2]

내 손이 무엇을 해야 하는지 알게 되는 것, 커다란 은총이다. 카페 앙글레에서 바베트의 음식을 먹고 그 맛의 가치를 알던 귀족들은 바베트에게는 은인이다.

> 그럼에도 불구하고 그 몸짓은 끝난다. [⋯] 손은 자신의 작품을 이보다 더 완전하게 할 수 없을 때 자신의 작품을 내놓는다. [⋯] 베풂의 몸짓은 사랑의 몸짓이다. 그것은 뭔가를 선물하고, 희생하고 자신을 내어주고, 헌신한다. 자신의 작품을 건네줄 때, 손은 다른 사람들에게 자신을 내어준다. 손은 자신의 작품을

> 공개하고 그것을 공적으로 만든다. 베풂의 몸짓은
> 정치적인 몸짓이다. 그것은 개방의 몸짓이다. 만들기의
> 몸짓은 타자를 위한 손의 열림으로 끝난다. 그러므로
> 결말의 시점에서 본다면, 만드는 몸짓 역시 타인에
> 대한 사랑의 몸짓이다.3

이것이 바베트의 노란 집에서 일어난 일이다. 이제 바베트의 손은 창조자의 손이다. 자유는 흔히 말하듯 구속이나 억압이 없는 상태를 가리키는 말만은 아니다. 자신의 힘과 능력을 아는 것, 그것을 마음껏 표현할 기회를 갖는 것, 결국은 사랑으로 끝날 행위를 할 수 있는 것, 나는 이것을 '자유'라고 부른다. 자유는 어떤 위안보다 더 좋다.

빛나는 삶으로서의 예술
이 오래된 이야기가 계속 살아 있는 두 번째 이유, 바로 '예술'이라는 단어 때문이다.

  이 작품에서 가장 눈에 띄는 것 중 하나는 바베트가 "저는 위대한 예술가예요"라는 말을 연거푸 하는 데 있다. 도대체 왜 이자크 디네센은 바베트가 '예술가'라는 단어를 거듭 말하게 만들어서 그 단어를 수수께끼로 만들어버렸을까?

바베트가 말한 예술가는 무슨 뜻일까?

　이 말은 "아, 글쎄, 나 예술가라니까! 이래 봬도 예술가래도!"라는 자의식 가득한 말이 아니다. 책의 내용을 따라가면 이자크 디네센은 '최선을 다할 수 있는 존재', '기쁨을 만들어낼 수 있는 사람'을 예술가로 생각했던 것 같다. 이자크 디네센은 바베트를 부자들이 모이는 고급 레스토랑의 천재 요리사라는 익숙한 자리로 돌려보내지 않았다. 대신 외진 마을 노란 집의 부엌으로 보내 다른 열매, 더 따뜻하고 천사들이 더 좋아할 열매를 맺게 했다. 최고급 식당의 천재 요리사였던 바베트가 한 일은 존 버거가 화가 쿠르베에 대해서 한 말을 떠올리게 한다.

　쿠르베는 마지막 대가였다고 할 수도 있다. 그는 베네치아의 화가들이나 렘브란트, 벨라스케스, 수르바란 같은 화가들의 작품을 통해 회화를 다루는 천재적 기술을 익혔다. 그림을 그리는 실제 작업과 관련해서 그는 여전히 전통주의자였다. 하지만 그는 기술을 습득하면서도, 그런 기술들이 봉사해왔던 전통적 가치관들은 이어받지 않았다. 전문성을 훔친 거라고까지 말할 수 있겠다.

　예를 들어보자. 누드화는 미적 감각이나 사치 혹은

부와 밀접한 관련이 있는 장르였다. 누드는 성적인 장식이었다. 쿠르베는 이런 누드의 양식을 훔친 다음, 강가에 옷을 깔고 누워 있는 시골 여성의 '천박한' 알몸을 묘사하는 데 활용했다. […] 17세기 스페인의 리얼리즘은 도덕적 가치나 소박함, 검소함, 고귀한 순결 같은 종교적 가치와 밀접한 관련이 있었다. 쿠르베는 이 양식을 훔친 다음, 〈돌 깨는 사람들〉에서 안타까울 정도로 구제 불능인 농촌의 가난을 묘사하는 데 활용했다.[4]

세상의 호화로운 중심부가 아닌 저 외진 곳에서 따스한 장소를 만들어내는 것, 이것도 예술이다. 어쩌면 무언가를 주는 것 자체가 예술일 수 있다. 바베트는 스스로의 결정으로 자유로워질 줄 아는 사람이었고 능력을(돈도) 마음이 가는 곳에 썼다. 빛나는 삶으로서의 예술이다. 이 예술이 제대로 선물이 되었다면 이야기는 계속될 것이다.

예술이라는 단어를 확장시키는 데 그 누구보다 심혈을 기울인 작가 어슐러 K. 르 귄은 예술은 자아를 발산하는 행위가 아니라 세상 속에 존재하는 방법, 우아하고 힘차게 존재하는 방법이라고 생각했다. 메리 올리버는 예술은 희망,

비전, 영혼의 말하고 싶은 욕구라고 했다. 앨리 스미스는
갖고 있는 것과 갖지 못한 것의 조합으로부터 뭔가를
만들어내는 행위라고 했다. 보르헤스는 예술은 사람의
영혼을 부드럽게 어루만지는 것, 카뮈는 인간의 모습을 더욱
감탄스럽고 풍요롭게 만드는 것, 윌리엄 칼로스 윌리엄스는
자신이 보는 모든 것들의 생명을 가장 높은 존엄성의
위치로 올리는 것이라고 했다. 타르콥스키는 예술은 삶을
이해하려는 시도라고 했다. 이 모든 예술에 대한 정의는
예술을 말하면서 삶 자체에 대해 말한다.

   만약 나에게 묻는다면 예술은…… 예술은 뭘까? 정말
어려운 질문이다. 예술은 뭔가를 만드는 것이고 나는 '삶'을
만들어가는 데 관심이 있으니 예술은 삶을 만드는 것이라고
말하고 싶다. 더 정확히 말하면 '예술은 사랑하는 것을
재료로 삶을 만드는 것'이라고 말하고 싶다. 아니면 변화
없이 삶이 만들어지기는 어려우니 '일상생활에 깃든 변화의
가능성을 찾는 것'. 이것도 예술의 정의에 대한 대답 중
하나가 될 수 있을 것 같다.

어쨌든 예술은 삶 속에 있다. 우아하고 품위 있고 대담하고
노련하게 자신의 삶을 살고 싶다고 마음먹어도 단 한 명도
무無에서 그렇게 할 수는 없다. 모두 자신이 능숙하게 다룰

수 있는 재료가 필요하다.

   더 정확히 말하면 각자에게 재료는 주어졌다. 재료 중에는 다루기 힘든 것이 있고 부족한 것이 있고 넘쳐나는 것이 있다. 대체로 넘쳐나게 많은 재료는 실패, 겁, 상실, 후회, 미련, 아쉬움, 속 좁음, 원망, 거짓, 인정에의 갈구……. 대체로 부족한 것은 깨우침, 이해, 용기, 인내, 자제, 관용, 열려 있음……. 남은 것은 재료와의 싸움이다. 부족한 것은 채워야 한다. 그래서 삶은 재료와의 투쟁, 재료와의 분투의 과정에 다름 아니고, 옥타비아 버틀러의 말을 빌리면 "혼자 하는 권투(섀도 복싱)" 같은 것이다. 이 복싱은 우습기도 하고 눈물 나기도 하고 고귀하기도 하다. '나는 무엇을 할 수 있을까.' 수많은 사람들이 불확실성 속에서 난타전에 가까운 탐구 과정을 거치면서 자신을 예술가로 규정했다.

책 섞기

원치 않는 재료가 널린 거친 작업장에서 삶을 빚는 나의 작업 방식은 언제부터인가 책을 섞는 것이었다. 슬픔에다 책 큰 스푼 듬뿍, 외로움에도 책 두 스푼, 실망에도 책 한 줌 쭉. 두려움에는 책 한 국자. 쓰디쓴 재료에는 감미로운 책 한 그릇. 나는 온갖 재료에 책을 섞는다. 이렇게 많은 삶의 재료가 있는데 여기서 아무 좋은 것도 나오지 않으면 어쩌지 걱정될 때도 책을 섞었다. 이를테면 이상한 나라의 앨리스가 하는 말 같은 것. "나중에 나오는 이야기는 더 재미있어요." 나는 음식을 먹듯이 책을 흡수했고 거기서 영양분을 취했고 필요한 에너지를 만들어냈다. 이것이 재료(현실)를 다루는 나의 방식이고 내 인생의 작업 비밀은 내가 책과의 혼합물이라는 점이다.

책을 읽으면서 재료 더미였던 것이 의미 있는 것으로 변하는 것에 대한 사랑이 생겨났다(책이 바로 그런 과정을 통해서 만들어진다. 엉망진창 가망 없는 재료로 감동적인 이야기들이 수없이 많이 탄생했다). 누군가 새롭다면, 깊다면, 재료들을 충분히 변화시켰기 때문이다.

재료가 변하는 동안 재료를 만지는 사람 자신도 변한다. 삶의 천재들이 하는 일이 바로 그런 것이고 바베트는 그것을 했다. 이 삶에서 아름다운 무엇인가를 창조했다는 자부심이 바베트가 스스로 위대한 예술가라고 말하게 만들었다(가족을 잃은 슬픔마저도 예술로 변화시켰다는 것도 빼놓지 않고 말해야겠다. 이렇게까지 하는 데는 엄청난 자기 변신이 필요하다). 필리파의 말처럼 천사들은 바베트를 사랑할 뿐만 아니라 이자크 디네센도 사랑할 것이다. 자부심과 자기 존중이 있는, 서로를 사랑의 공동체로 만드는 이야기를 만드는 것은 결코 쉬운 일이 아니다.

  이자크 디네센이 바베트의 입을 빌려 우리에게 하는 말은, "부디, 쓰든 달든 당신 자신의 재료로 당신 자신의 삶을, 홀로 그리고 함께 맛보시길!"이다. 이자크 디네센은 이 말을 정말 큰 애정을 담아 했다.

변신의 여행

사실 나는 거의 매일 여행을 떠난다. 라디오 피디인 내가
어렵지 않게 듣던 말이 있다. "어디 사는 누구입니다"로
시작하는 청취자들의 말이다.

"여기는 섬진강변이에요. 아버지가 소달구지에 나를
태우고 가던 길을 지금 자동차로 달리고 있어요."
"여기는 삼척이에요. 겨울 바다와 봄 바다 소리가
다른 것 아세요? 사람들은 왜 봄이 들판에만 온다고
생각할까요? 바다도 봄에는 연두색이에요. 봄 바다
소리를 들려드리고 싶네요. 언제 삼척으로 오세요."
"여기는 곡성이에요. 메타세쿼이아 나무 밑에
수선화가 피었어요. 올해는 처음으로 밀 농사를
시작했어요."
"여기는 지난번 큰 화재가 난 의성입니다. 불탄
숲에서 새순이 올라오는 것을 보여주고 싶어요. 숲은
우리가 생각하는 것보다 잘해내고 있는 것 같습니다."

이런 말을 들으면서 청취자들과 함께 낯선 시간과 공간 속으로 여행을 떠나는 기분이 든 적이 한두 번이 아니었다. 그러던 오래전 어느 날, 신문 기사에서 울산에 사는 경비원이 수십 년간 꾸준히 기부를 해서 국무총리상을 타게 되었다는 뉴스를 읽었다. 나는 그 경비원이 그렇게 행동한 이유가 알고 싶었다. 그리고 다음과 같은 이야기를 듣게 되었다.

제가 어려서 소아마비를 앓아서 다리를 절어요. 평생 외롭게 살았어요. 그러다가 한 여자를 사랑하게 되었어요. 둘이 서로 사랑했지만 여자의 집에서 결혼을 찬성할지 알 수가 없었어요. 지나온 삶을 생각하고 저는 절망적인 기분이 들었어요. 결국 장모 될 분을 만났어요. 그분이 저를 보더니 이렇게 말했어요.

"그동안 얼마나 힘들었는가. 내가 이제부터 자네의 어머니가 되겠네."

참 놀라운 순간이었어요. 그 고마움을 어떻게 잊지 않고 살까 고민하다가 저도 사랑을 주기로 마음먹었어요. 그것도 가능하면 오래가는 사랑을요. 그래서 정기적으로 기부를 하게 되었어요. 내가 맛본 기분을 다른 사람도 맛보았으면 했어요. 기부를 한

이유가 하나 더 있어요. 저는 불편한 몸으로 좁은 경비실에서 날마다 같은 곳을 왔다 갔다 살지만 마음만은 넓고 자유롭고 싶었어요. 그렇지 않다면 어떻게 더 큰 세계랑 연결될 수가 있겠어요?

이 이야기는 내 마음에 깊이 들어왔다. 지방 도시 장애인에게 일어날 수 있는 일, 자주 거절당하고 자주 불운했던 한 남자의 삶을 상상하고, 어두움으로 채워질 수도 있었던 영혼이 그렇게 되지 않았던 것에 대해서 안도감을 느꼈고, 그는 어떻게 존재의 다른 차원을 그렇게 열렬히 원하고 그렇게 지속적으로 열려 있는지, 스스로를 절대 작아지게 만들지 않았는지 놀라지 않을 수 없었다. 그리고 그 영혼이 혼자서 숱하게 떠났을 여행을 상상했다. 그 여행 끝에 어떻게 그렇게 좋은 이야기를 가지고 올 수 있었는지 배우고 싶었다.

전속력으로 멀리 가기

어떤 장소는 한 사람이 특별한 방식으로 존재했기 때문에 특별해진다. 풍경을 완성하는 것은 이야기다. 우리는 여행을 떠나기도 하지만 우리 몸이 여행지가 되기도 한다. 우리의 삶은 수많은 사람의 삶이 흘러들어 온 복작대는 항구이면서 여행지에서 해독하고 싶은 단 하나의 아스라한 불빛인 순간이 있다. 진정한 풍경은 우리 마음속에서 펼쳐진다.

그러나 우리는 보이지 않는 것을 결코 보지 못하고 수없이 많은 것을 놓친다. 나는 이 이야기를 듣기 전까지는 '더 큰 세계랑 연결된다'는 말의 중요성에 대해서 그렇게 진지하지 않았다. 그러나 이제는 나도 나보다 큰 세계와의 연결을 갈망한다. 삶이 아무리 무의미해 보여도 의미를 찾을 수 있는 것은 연결 속에서고 삶을 바꿀 수 있는 방법은 뭔가랑 연결되는 것뿐이다. 올바른 연결만이 삶의 무게를 덜어줄 수 있다.

내 좁은 가슴을 떠나 커다란 하늘, 넓은 세계와 연결되고 싶은 갈망은 나를 떠나지 않았다. 특히 모든 것이 결과물로 증명되는 세상에서 여행은 경험과 여정을 소중히 여기는 몇 안 되는 영역이었기 때문에 좋았다. 그러나 많은 여행지들을 거의 알지 못한 채 떠나오고 말 것을 생각하면 무척 아쉬웠으므로 꽤 열심히 세계문학을 읽었다. 『돈키호테』를 읽고 모래 먼지 날리는 황량한 스페인을 상상했고, 제인 오스틴, 브론테 자매, 찰스 디킨스의 소설을 읽고 영국을 상상했고, 『분노의 포도』와 『톰 소여의 모험』을 읽고 미국을 그려봤다.

  나는 필리핀의 작은 섬에서는 개 한 마리가 배를 타고 떠난 젊은 주인을 기다리면서 몇 달째 같은 시간에 바다를 향해 짖다가 집으로 돌아간다는 것을 알고 있다. 파타고니아 하늘에 백 년 넘게 울려 퍼지는 성가는 자신들의 모국에서는 낙오자, 부적응자, 실패자로 불리던 사람들이 세운 교회에서 흘러나오는 것이란 것을 알고 있다. 젊은 군인이 비행기에서 떨어져 죽은 프랑스의 숲과 그 무명 군인을 위해 무덤을 만든 마을 사람들 이야기와 매년 그 무덤에 묻힌 어린 제자를 찾아오다가 더 이상 나타나지 않게 된 영국 노신사의 이야기를 알고 있다. 당연히 거절했어야 마땅한 치욕스러운 제안을 받아들인 사람이 비틀대며 걷던 거리도 알고 있다. 속죄를 하기 위해 지구에서 가장 추운 지방과 가장 더운 지방을 돌아다닌 성 앙투안의 이야기 또한 알고 있다. 나는 오로라 밑에서 안부를 나누는 사람들을 알고 매혹적인 인간으로 변신한 돌고래들과 사랑에 빠졌던 사람들의 전설이 오고 가는 바닷가 또한 안다. 헨리 8세가 제인 시모어와 첫 키스를 나누고 천 일의 앤에게 마음을 돌리게 만든 운명적인 날의 숲을 알고 아직 어린 히스클리프와 캐서린이 뛰어다니던 황야를 안다.

이 이야기들은 내가 실제로 떠난 여행의 기억이 아니다.
책에서 읽은 이야기들이다. 몸이 아니라 마음으로 떠난
여행이다. 하지만 나는 그곳들을 사랑하고 자주 떠올린다.
베네치아 사람들이 초록과 핑크색을 몹시 사랑해서 그
두 색 사이 어딘가에 마음을 담아두었듯, 나도 마음으로
감탄하고 고양된 이야기 속 장소 어딘가에, 책의 페이지 속
어딘가에 나를 끼워 넣고 나에게 쉬어 갈 장소, 재출발할
장소를 주었다.

책으로 떠나는 여행은 자신이 지금 어디에 서 있는지,
어디로 가야 하는지 그 위치를 물을 줄 아는 사람에게
좋다. 책은 몸이 아니라 자아를 이동시키기 때문이다. 좋은
책은 아직 충분히 탐험되지 않은 우리의 가능성에 빛을
비추고 우리를 그곳으로 이끈다. 책을 읽는 동안 우리는
현실과 허구와 꿈의 경계선을 넘나들면서 지난날 우리가
떠나보지 못한 길을 떠난 용감한 이방인들을 희망의 근거와
나침반으로 삼을 수 있다. 책을 읽는 우리 마음속에서 낯선
세상과 이방인은 생각의 주제가 되고 세상은 우리의 상상과
꿈에 의해서 재구축된다.
   책을 읽는 독자는 무심코 한 권의 책―숨겨진 책, 내면의
책, 제2의 책 뭐라고 부르든 간에―을 더 갖게 된다. 기억과

꿈이 쓰게 한 내밀한 텍스트는 과거와 미래와 관련된
자기만의 여행 지도이자 삶의 지도가 될 수 있다. 우리는
그렇게 삶의 키를 다시 잡고 돛을 펼친다. 버나드 쇼의
말처럼 행복, 그것은 인생의 키를 잡고 떠나는 것이다.

여행자인 우리는 세상을 거듭거듭 발견하면서 정신을
만들고 앞으로 살 방법을 구한다는 특징을 공유한다.
여행자인 우리는 보고도 알아보지 못하는 것을
아쉬워한다는 특징을 공유한다. 끝이 곧 시작이길 바란다.
모든 여행의 최종 목적지는 우리가 귀환할 곳, 출발한
곳, 그리운 얼굴들이다. 우리의 도착 지점인 삶을 새롭게
보고 사랑할 수 없다면 굳이 여행을 떠나야 할지 나로서는
확신이 없다. 풍경은 보는 사람의 영혼을 닮고 어떤 장소가
특별해지는 것은 우리가 그 장소를 특별히 여기거나
사랑해서지 다른 이유는 없다.

두 번 다시 여행을 가지 않아도 좋을 만큼 모든 것을 볼 수
있는 날은 없을 것이다. 책은 우리를 숱한 과거와 미래로,
책이 아니면 알 수 없을 이야기가 가득한 장소로 데려가길
멈추지 않을 것이다. 책은 내가 상상해본 적도 없는 낯선
세계의 입구로 통하는 문을 수도 없이 열어놓는다. 그 낯선

곳은 위험하고 매혹적이다. 내가 모르는 사람이 내가 모르는 삶을 쏟아부어 만든 곳이니까. 각각의 책은 "이제 어디로 가지?"에 대한 응답이 될 잠재적 가능성을 갖는다.

 나는 살면서 여행과 관련된 정말 좋은 말을 두 번이나 들었다. "혜윤, 멀리 가!", "모든 좋은 여행자이자 이야기꾼처럼 죽지 않을 만큼 멀리 갔다가 돌아와." 정말 멀리 갈 수 있다면 좋을 것이다. 특히 최악의 나 자신으로부터 전속력으로 멀리 갈 수 있다면 좋을 것이다. 하지만 어떻게 해야 멀리 갈 수 있을까? 이를테면 이솝은 어떻게 가장 탁월한 여행가이자 이야기꾼이 될 수 있었을까? 어떻게 해서 세상을 달리 보고 다르게 경험할 수 있었을까? 나는 떠난다고 생각했지만 떠나는 척만 한 것 아닐까? 혹시 산다고 생각했지만 사는 척만 한 것 아닐까? 그런데 어느 날 문득, 나도 꽤 멀리 떠나왔다는 생각이 들기 시작했다. 책으로 설명해볼 수 있을 것 같다.

나의 마음속 타히티섬
나는 지금까지 『모비 딕』을 여러 번 읽었다. 공들여 읽을 때도 있었고 5분 읽고 뒤적거리기만 했을 때도 있다. 처음 읽은 것은 2000년대 초반이었다. 그때는 앞에서 말한 것처럼 세계문학을 해외여행 가이드북 정도로 생각했을 때였다. 미국으로 갈 미래를 위해서 마크 트웨인의 『톰 소여의 모험』과 『허클베리 핀의 모험』을 읽고, 존 스타인벡의 『분노의 포도』와 『에덴의 동쪽』을 읽고, 너새니얼 호손의 『주홍 글자』를 읽고, 그다음에 허먼 멜빌의 『모비 딕』을 펼쳤다. '포경선이 나오고 인디언이 나오고 목사님 설교가 나오고 퀘이커 교도가 나오니 이건 틀림없이 미국 책이군! 좋아. 읽어야겠어.'

그 시절은 참 풍요로웠다. 마음에는 여유가 있었고 세계와 인간의 이야기를 알려는 열망도 컸다. 그때는 '시간이 흐른다'가 희망의 말이었다. 내가 더 많은 것을 알게 되고 더 잘 변할 수 있는 가능성이 있었으니까. 목적이 있되 목적이 없는 것과도 같은 시간이었다. 그러나 다시 말해도 그때는 고전을 해외여행 가이드북으로 삼았기 때문에 나는 『모비 딕』을 이렇게 읽었다.

> 낸터킷 ─ 『모비 딕』의 배 피쿼드호가 크리스마스에 출항한 곳, 고래잡이로 부자가 된 곳, 딸이 결혼할 때 고래를 지참금으로 주는 곳, 인간의 피는 절대로 흘리지 않겠다고 맹세한 신앙심 깊은 사람들조차

고래의 피는 몇백 통을 흘려보내고 그것에 대해서 더는 생각하지 않는 곳.

그러나 『모비 딕』은 뉴잉글랜드의 유서 깊은 건축물, 결혼을 앞둔 신사 숙녀들의 고뇌, 저녁 식사 메뉴, 귀족의 위선과 흑인 노예의 비참함을 알려주는 책이 아니었다. 허먼 멜빌과 동시대인인 헨리 데이비드 소로가 『월든』에서 호숫가의 동물, 숲, 자급자족하며 느리게 사는 삶을 세세하게 묘사해 자연에 대한 사랑을 북돋우고 그곳에 가보고 싶게 만들고, 그처럼 한번 살아보고 싶은 마음이 살짝 들다가도 포기하게 만드는 것과는 달리 허먼 멜빌은 우리를 먼바다로 데려가 온갖 생명이 뒤엉킨 광활한 삶을 보여준다.
　『모비 딕』을 세계여행 가이드북처럼 읽으려 해도 그렇게 할 수 없었다. 『돈키호테』를 기사도 책을 많이 읽은 시골 양반이 미쳐서 풍차를 거인으로 착각하고 달려들어 거듭 패대기쳐지고 만신창이가 되어서 죽을 때 후회한다는 책으로 읽을 수 없는 것처럼, 『보바리 부인』을 시골 의사의 예쁘장한 부인이 권태를 못 이겨 바람을 피우다가 애인들에게 사준 선물값 빚으로 자살하고 만다는 책으로 읽을 수 없는 것처럼, 『모비 딕』을 고래에게 다리를 잃은 선장이 복수하려고 지구 끝까지 쫓아간다는 내용으로만 읽을 수 없는 무언가가 책에 있었다. 물론 처음에는 그 무언가가 무엇인지 몰랐다. 다만 몇 개의 문장이 마음속에 살아남아 계속 새로운 의미를 부여하게 만들었다.

> [...] 대기 중에는 몽상에 빠지게 하는 주문 같은 것이 도사리고 있어 말 없는 선원들은 각각 눈에 보이지 않는 자신의 자아 속으로 녹아들어버린 것 같았다.[1]

이 문장은 『모비 딕』의 문장이면서 꼭 『모비 딕』의 문장만은 아니다. 나는 이런 비슷한 문장들을 여러 책에서 보았고 삶에서도 여러 번 경험했다.

어느 아름다운 날, 내가 햇살 속으로 녹아서 사라져버리는 것 같을 때가 있다. 날리는 벚꽃 사이로, 라일락 향 속으로, 아직 어린 소녀였을 때와 똑같은 설렘과 위안을 담고 있는 바람 속으로, 가슴 아리게 하는 일몰 속으로, 아득한 별빛 속으로 녹아서 사라져버리는 것 같을 때가 있다. 나는 그때 나의 보이지 않는 자아가 행복한 것을 안다. 순간을 제대로 즐기고 있다는 것을 안다. 그 순간 그렇게 있는 것 말고는 바라는 것이 없다. 정확히 말하면 그것 말고 뭘 바라야 할지 모르겠다. 그 순간 거기 그렇게 바람에 머리카락을 날리면서

변신의 여행

멍하니 있는 것만으로 태어난 보람과 가치가 있다고 생각한다. 그때 내 영혼은 실제의 나보다 훨씬 정화되고 증류되어서 위로 올라가는 것 같고 나의 많은 자아들도 갈등 없이 사이좋다. '녹아들다'는 나에게는 행복의 동의어다.

이런 행복과 정반대되는 문장도 있다.

이 오싹한 바다가 파릇파릇한 육지를 감싸고 있듯이, 인간의 영혼 속에는 평화와 기쁨으로 가득한 타히티섬 하나가 놓여 있고, 그것은 반쯤 베일에 가려진 삶의 온갖 공포로 둘러싸여 있는 것이다. 신께서 그대를 지켜주시길! 그대여, 그 섬을 떠나지 말지어다. 떠나면 두 번 다시 돌아가지 못할지니![2]

인간 내면에 대해서는 이와 다른 생각들이 얼마든지 있다. 이를테면 인간 내면은 들춰봤자 텅 빈 공허일 뿐이다, 들출수록 악취가 나고 어떻게 해도 만족을 모르는 욕망뿐이다, 아니면 저마다의 어두운 지옥이 있다.

나는 지옥과 천국—멜빌이 말한 "기쁨과 평화의 땅"—이 함께한다고 생각한다. 우리 인간에게는 뭔가가 있다. 최선의 행동을 하도록 만드는 뭔가가 분명히 있다. 강아지의 머리를 쓰다듬게 하고 물에 빠진 사람을 구하고 싶게 만드는 뭔가가, 마취제도 없이 팔다리가 절단되는 팔레스타인 아이들을 위해 분노하고 평화를 염원하게 만드는 뭔가가, 참사가 난 곳으로 달려가게 하는 뭔가가, 잘 모르는 사람들을 위한 연민에 눈물 흘리게 만드는 뭔가가, 세상을 향한 마음을 닫지 못하게 하는 뭔가가 있다.

나는 마음속 타히티섬이 우리를 살게 하는 신비의 근원이자, 간절한 주문을 외우게 만드는 장소, 우리의 말이 만들어지는 곳이라고 생각한다. 그곳이 없다면 우리는 자신에게 도움이 되는 말을 할 수 없다. 그곳이 없다면 우리는 이리저리 떠돌며 표류하는 배와 같다.

우리는 이런 복잡한 내면을 가지고 각자의 역할을 하고 삶을 꾸려나간다. 어쨌든 나는 이 문장을 이렇게 이해하면서 살고 있다. '현실이 쉬울 것이라고 생각도 하지 말라.' 최선의 삶은 우리 안의 기쁘고 평화로운 것이 거부되지도 파괴되지도 않는 삶일 것이다. 어쩌면 우리의 운명은 이 기쁨과 평화가 가장 귀하고 중요하고 반드시 지켜야 할 것임을 어렵게 배워가야 하는 것인지도 모른다. 『모비 딕』의 표현을 빌리면 천사는 "내면의 상어를 잘 다스린 존재"에 지나지 않으니까.

또 이런 문장도 기억한다. "맑은 하늘에는 무지개가 뜨지
않는다." 이것은 『모비 딕』의 이야기를 들려주는 화자이자,
피쿼드호의 유일한 생존자가 될 운명인 이슈미얼이 고래가
숨을 쉬면서 내뿜는 물줄기가 정말 물줄기인지 아니면
수증기인지 따져보면서 한 말이다. 나는 맑은 하늘에는
무지개가 뜨지 않는다는 사실을 그때 처음 알았다. 나는 이
문장을 과학이자 시로 받아들였다. 낙담했지만 다시 용기를
내야 할 때에는, 카프카의 "대낮에는 별이 보이지 않는다"는
문장과 함께 이 문장을 얼른 떠올린다. 최근에는 여기에
한 문장을 추가했다. 메리 올리버의 시 한 구절이다. "그
누가 온화한 날씨로 음악을 만들었겠는가?" 이런 구절들은
마음이 완전히 어두워지는 것을 막아준다. 멜빌은 무지개를
"비참함에 희망과 위로"를 속삭여주는 것으로 보았다.
우리는 그런 상징을 필요로 한다. 인간은 문제적 상황을
기회로도 보고 싶어 한다. 인간은 곤경과 희망을 뒤섞는
존재다.

가장 생각할 거리를 많이 던져주었던 문장도 있다. "행복에
대한 기대치를 낮춰라." 기대치를 정말 1센티미터도
낮추고 싶지 않았을 때가 있었다. 겸손해라. 겸손하게
다른 피조물의 곤경을 나눠라. 감사해라. 주어진 상황을

그냥 받아들여라. 선택을 하고 대가를 치러라. 가장 기쁜 순간에조차도 그 순간이 이내 사라질 수 있음을 알라. 헛된 기대에서 자유로워져라. 마땅히 살아야 하는 모습대로 살려면 체념이 필요하다. 기대치를 낮출 수밖에 없는 조건하에서만 허락되는 행복을 누려라. 더 행복해지려는 충동을 포기하라. 행복보다 마음의 평화를 생각하라. 행복은 훗날 돌아봐야 알 수 있는 문제다.

 이런 말들을 다 흘려들었을 때가 있었다. 내가 왜 행복의 기대치를 낮춰야 한단 말인가? 그러나 이제는 앞에서 말한 문장을 삶으로 살아내는 사람들이 행복할 것이라고 생각한다.

고래, 경이로움, 감탄할 줄 아는 인간
첫 『모비 딕』 독서 이후 『모비 딕』을 다시 읽어야 할 일이 2015년에 일어났다. 그즈음 내 인생에 정말로 큰일이 일어났다. 내 인생에 그보다 더 큰 변화는 또 뭐가 있었을까 따져보게 만들 만큼 큰 변화였다(내 삶의 5대 변화 안에 든다). 그것은 내가 고래를 사랑하게 되었다는 것이다. 사람이 갑자기 변할 수 있는가? 그렇다(나를 보면 알 수 있다). 나는 갑자기 고래를 사랑하게 되었다. 물론 '갑자기'

앞에는 수많은 점진적이고 느린 '어딘가'를 향한 과정이 있었다. 고래가 나오는 『모비 딕』을 읽는 것도 그런 느린 과정 속에 있었을 것이다. 세월호 아이들이 고래를 타고 떠난 그림도 영향을 줬다고 생각한다.

나는 2015년에 필리핀에서 야생 돌고래를 본 뒤로 돌고래에 빠져들었다. 그 이후로 야생 고래를 보게 될 날이 있을 것이라고 꿈에도 생각한 적 없지만 고래를 보는 일이 생겼다. 돌고래를 볼 때도 고래를 볼 때도 나도 모르게 눈물이 흘렀다. 대체 왜 그렇게 감정적으로 동요했을까? 그때는 2014년의 세월호 참사 직후였고 나는 바다만큼 많은 눈물을 봤다. 그 무렵엔 개인적으로 풀어야 할 어려운 문제도 많아서 '사는 게 참 쉽지 않네'라는 생각을 많이 했다.

내 생각에 책 제목 중 가장 좋은 것 중 하나는 조지 오웰의 '숨 쉬러 나가다'다(가장 좋은 제목 3위다. 1, 2위는 모두 데이비드 포스터 월리스의 책 제목이다. '재밌다고들 하지만 나는 두 번 다시 하지 않을 일', '거의 떠나온 상태에서 떠나오기'). 당시의 나는 매일 숨을 쉬면서도 숨을 쉬고 싶었던 모양이다. 그런 내 눈에 한때는 우리 인간 같은 포유류—아가미가 없는 채로 해양 포유류가 된 고래가 숨을 쉬려고 물 밖으로 솟아오르는 모습이 들어온 것이다.

'세상에나 숨을 쉬려고 솟구치다니!' 나는 그 모습에 압도되었다. 입에서 "앗!" 소리가 절로 나왔다. 고래가 솟아오르는 순간 물방울들이 공중에 뿌려지고 파도는 빛을 받아 오색으로 반짝거렸다. 내가 진짜 굉장한 것을 봤다는 생각이 들었다.

그 찰나 내 마음속에서 무슨 일인가 벌어졌다. 그때부터 나라는 인간이 이상하게 바뀌기 시작했다. '고래'라는 단어를 보는 것만으로도 마음이 환해지고 가슴이 벅차기 시작했다. 갑자기 자연을 보호하자는 말을 하기 시작했다. 읽는 책이 바뀌기 시작했고(자연 문학을 읽기 시작했다), 힘을 내는 방식이 바뀌었고(어디선가 고래 한 마리가 숨을 쉬고 있다는 생각만으로도 힘이 난다), 가고 싶은 여행이 바뀌었고(우리 고래 보러 갈래?), 기억하고 싶은 것이 바뀌었고(내가 고래를 볼 때 바다사자랑 바닷새들이 어찌나 시끄럽던지), 기대하는 것이 바뀌었고(고래 보면 좋겠다), 부러워하는 것이 바뀌었고(고래를 세 마리나 봤다고!), 행복에 대한 생각도 변했고(그저 고래를 보는 것이다), 저항하는 것이 생겼다('바다의 로또' 고래라는 말에 열렬히 반대한다!). 더 이상 쓰지 않는 말도 생겼다('인간은 만물의 영장이다'). 야생 고래를 보러 여행을 다니면서 삶이 완전히 다른 색으로 채워지기 시작했다.

그렇지만 고래에 대해서 전혀 몰랐기 때문에 고래는 미지의 세계에 대한 상징이기도 했다. 고래에 대해서 알고 싶은 것이 정말 많아졌다. 고래는 어떻게 순식간에 수직으로 몸을 일으키는가? 그렇게 무거운데 어떻게 솟구치는가? 얼마나 오래 숨을 참는가? 얼마나 깊게 잠수하는가? 고래끼리 대화할 때 사람처럼 입을 벌리는가? 어떻게 바닷속에서 젖을 먹는가? 어떻게 물속에서 소리로 보는가? 알면 알수록 돌고래와 고래는 경이로움이 무엇인지 나에게 알려주려고 만들어진 단어 같았다. 나는 고래를 사랑하면서부터 전에 없이 '경이롭다'라는 말을 자주 쓰기 시작했고 이제는 '경이로움'이라는 단어를 빼면 나 스스로 나를 말하기 힘들 정도다.

가장 좋은 것은 고래에 대한 사랑이 고래에 대한 사랑으로 끝나지 않았다는 점이다. 고래는 확장형 단어다. 처음에는 고래를 좋아하다가 바다사자도 좋아하고 수달도 좋아하고 날치도 좋아하고 열목어도 좋아하고 두루미도 좋아하고 제비도 좋아하고, 비오리도 파랑새도 팔색조도 잠자리도 좋아하고…… 좋아하는 것이 정말 많아졌다. 고래처럼 기러기도 두루미도 도요새도, 날갯짓 한 번에 실린 희망과 먼 여정을 생각하게 만들고 사랑하고 싶은 욕망을 자극한다.

자아라는 것은 다름 아닌 기억의 총합이므로 동물을 사랑하면서 나의 자아도 확장되었다. 동물들은 그 고유한 아름다움으로 나를 붙잡아뒀다. 그 아름다움으로 지상의 갖가지 생명체와 세상을 바라보게 했다. 예상하지 못한 것을 사랑하게 되고 그렇게 할 수 있는 것이 세상에 아직 남아 있으므로 세상은 본질적으로 자비로운 곳이다.

사랑하는 것이 늘어날수록 행복에 대한 생각이 바뀌었다. 진짜 감탄할 것이 있는 세상에서 진짜 감탄할 줄 아는 인간("우와! 우와!" 한 인간)으로 살 수 있으면 그게 행복이고 삶의 의미가 아닌가 하는 생각을 하기 시작한 것이다. 단순하게 말하면, 사랑하는 것들 속에 있는 것이 행복이다. 전에는 한 번도 생각해본 적 없는 행복의 모습이었다.

고래가 끼친 영향은 이것뿐만이 아니다. 내가 나 자신과 맺는 관계도 변했다. 나는 고래가 살 만한 세상은 대체 어떤 세상인지 알고 싶었고 그 세상을 위해 '조금만 힘을 보태볼까?'라고 생각하게 되었다. 그런 질문을 던지자 나는 나에게서(나만 생각하던 삶에서) 끌려 나와 그전에는 생각해본 적도 없는 현실 속으로 빨려들어갔다. 나 자신의 자존감이나 상처, 성공에 대한 관심도 신기할 만큼 빠르게 사라져갔다. 마치 리처드 파워스가 『오버스토리』에서 한 말처럼, "눈을 뜬다. 그의 안에서 뭔가가 부서졌다". 나의 열정은 나를 잊어버리는 것이 되었다. 나를 잊어버릴 만큼 아름다운 것을 보고 그 순간을 인생 안에 두는 것이 되었다. 이것이 나에게 '해방'이 뜻하는 바다.

고래는 이렇게나 내 정체성에 깊이 영향을 미쳤다. 나와 세상을 이해하는 방식이 바뀌다 보니 세상과 맺는 관계 또한 전체적으로 변했다. 지구에서 살아간다는 것의 의미를 고래와 함께 묻는 동안에 인간도 다르게 보이기 시작했다.
　나는 인간을 어떤 조건도 없이 그냥 '생명'으로 본다. 윌리엄 워즈워스의 불후의 시집, 『서곡』 제8권의 제목은 '회상—인류 사랑으로 이어진 자연 사랑'이다. 나에게 일어난 일이 바로 그 일이다. 나는 인간이 자연의 일부이므로 사랑한다.
　생명이 신비롭다는 생각이 어찌나 강력하게 가슴에 박혔던지 나는 이제 얼핏 본 낯선 사람의 피로에 절은 등판, 축 늘어진 어깨, 실망에 익숙해져가는 얼굴, 문 닫힌 가게, 언제나 약간씩 잘못되는 우리들의 이야기에 슬픈 자매애를 느낀다. 나는 살아 있는 모든 것들이 삶을 견디기만 하는 것이 아니라 충만히 '누리기'를 바라게 되었다.

그것만 바라는 것이 아니다. 위축되어 초라함에 떨지 않기를, 고개를 떨구고 혼자 어둠 속에 있지 않기를, 혐오에 빠져들지 않기를, 웃음과 유머를 잃지 않기를, 너무 고통받지 않기를, 힘을 잘못된 데 쓰지 않기를, 존엄성과 생명을 잃지 않기를, 자신의 능력과 기쁨을 찾기를, 사랑하고 사랑받을 기회를 가지기를 진심으로 바라게 되었다.

나는 사랑하는 것을 보면서, 사랑하는 것을 지키면서 힘을 내는 법을 배웠다. 지금은 한 가지를 더 배우고 있다. 워즈워스의 표현을 빌리면 나는 "우리가 아는 모든 것을 사랑하는 법을 배워야" 하는 학생이다. 사랑에 빠지면 지금까지와는 다른 공기 속에 있게 되고 이 사랑은 세상을 다르게 보게 만든다는 말이 있지 않은가? 나에게 일어난 일이 바로 이 일이었다. 나는 이제 고래를 만나기 이전으로 돌아가지 못한다.

나는 허먼 멜빌이, 『모비 딕』에 나오는 표현을 빌리면 우리가 절대로 볼 수 없는 별자리 아래서 고요와 고독을 동시에 느껴본 멜빌이, 덕분에 동시대인들과는 다르게 자연과 세상과 생명에 대해 새롭게 생각해볼 수 있었던 멜빌이, "자연이 자발적이고 은밀히 내어준 순결한

젖가슴에서 방금 막 흘러나온 감미롭고 야만적인 감동을
모두 받아 마신" 멜빌이, 내가 경험한 이런 감정들을
수천수만 배는 더 강렬하게 느꼈을 것이라고 생각했다.
이런 생각지도 못한 정체성의 변화 속에서 『모비 딕』을 다시
읽었다. 이번에는 미국이 아니라 고래가 알고 싶어서.

단 하나의 궁극적인 확실한 의미
『모비 딕』에는 허구라고 볼 수 없는 고래학에 관한 장章이
있다. 그러나 고래에 대해 알고 싶어 안달이 난 나조차도
고래에 관한 장만 읽는 것은 지루했다. 엄청나게 길게
고래에 대해서 쓴 멜빌의 결론은 고래에 대해서라면 웬만큼
알게 되었다가 아니라 고래가 무엇인지 전혀 모르겠고
고래의 의미는 무한하다는 것이다. 너무 무한해서 신비로울
정도다. 고래는 바다의 왕이자 리바이어던이고, 경이이자
신이고, 파괴적인 힘, 공포, 숭고함과 무심함…… 이 모든
것들이다. 고래학은 결코 완성될 수 없다.

아니면 정반대로 생각할 수도 있다. 이 모든 것들은
우리가 갖다 붙인 의미고 고래는 그저 수평 꼬리
지느러미가 있는 물속에 사는 포유류인 것이 전부일 수
있다. 고래가 신비롭다면 우리가 모르는 절대적인 깊은

의미를 가져서가 아니라 그저 고래라는 것이 세상에 있다는 사실 그 자체 때문일 수 있다. 세상에 고래가 있듯이 내가 있는 것이다. 고래가 신비하다면 우리 인간도 신비하다.

어쨌든 다시 읽은 『모비 딕』은 첫 번째 독서보다도 나를 더 거대한 것과 뒤엉키게 만들었다.

  우선은 역시 아름다움. 허먼 멜빌은 실제로 포경선을 탔고 섬에서 식인종과 함께 살면서 그들의 환대를 받고 올리브색 피부의 여인과 사랑을 나누기도 했지만 섬에 정착하지 않고 식인종 친구의 목숨을 앗아가면서까지 탈출했다. 무엇이 그를 육지로부터 멀어지게 했을까, 왜 배를 타야겠다고 생각했을까? 가난, 주식 폭락, 파산 같은 뉴스에서 탈출을 원해서였을까? 어떻게 설명해도 부족하지만 분명한 것 하나는 그가 넋을 잃고 바다를, 파도가 만들어내는 물살을 하염없이 바라보고 온갖 상념과 몽상에 젖어 수시로 자신을 망각해봤을 것이라는 점이다.

『모비 딕』은 그렇게 바다를 본 사람만이 쓸 수 있는 아름다움으로 가득하다. 멜빌은 바다를 살아 있는 것으로 경험했고 멜빌이 들이마신 공기가, 멜빌이 바라본 바다의 빛깔이, 멜빌이 빠져든 몽상과 위험과 모험이 『모비 딕』을 살아 숨 쉬게 한다. 이를테면 이런 문장들이다.

    열대의 별이 빛나는 밤은 "보석을 박은 벨벳 드레스를 입고" 지금은 곁에 없는 백작을 떠올리며 한숨을 쉬는 귀부인들 같고, 바다의 낮과 밤은 너무 매력적이라 언제 잠들어야 할지 알 수 없게 하고, "바다의 아름다움은 영혼에도 영향을 미쳐 고요하고 따뜻한 저녁이면 선원들 마음에서 깨끗하고 맑은 것이 쏟아져 나오게" 하고, 보일 듯 말 듯 하다가 자취를 감추는 기이하고 아름다운 것들, 흐릿하게 솟아오르는 지느러미들은 "선원들을 황홀경에 빠트려 영혼을 원래 있던 곳에서 썰물처럼 빠져나가 시공 속으로 흩어져버리게" 하고. 이렇게 군데군데 이어지는 바다 묘사에는 꿈결 같은 몽롱함이 있다.

    그들은 "별이 곧 섬이라고 믿었을 뿐만 아니라, 눈에 보이는 수평선 저 너머에서 온화하고 끝없는 바다가 푸른 하늘과 합류해 은하수의 흰 파도를 일게 한다"고 믿었다. 이런 아름다움은 제대로 빠져들 수만 있다면, 받아들이기로 마음만 먹는다면 그 자체로 영혼의 양식이 되어, 우리의 미소가 되고 상상력이 되고 마음의 빈자리를 채우고 삶에 영향을 미칠 것이다. 우리를 아름다움 없이는 살지 못하게 할 것이다. 이런 바다를 배경으로 모비 딕은 태양 빛을 받아 은빛 물줄기를 뿜으며 바다를 "살아 있는 오팔"처럼

"온통 금빛으로 반짝이는 크림색 포말로 된 은하수를 뒤에 남겨"놓으며 미끄러지듯 헤엄쳐 다니는 것이다.

   이런 장면들을 읽고 있으면 물방울 하나하나마다, 물고기 한 마리 한 마리마다 저마다 자기만의 이야기가 있는 것 같다. 그러나 우리는 그 이야기들을 전혀 알 수 없다. 다만 언젠가 우리는 각자 자신의 이야기를 해야 한다는 것만은 안다. 적어도 나 자신에게만이라도 진실되고 의미 있는 이야기를. 그런데 작디작은 물방울 하나의 의미조차 모르는데 어떻게 나 자신에게 의미 있는 이야기를 하고, 의미 있는 삶을 산단 말인가? 그 '의미'라는 것을 끝까지 물고 늘어진 사람이 바로 죽어라 모비 딕을 쫓는 에이해브 선장이다.

모비 딕은 "풀베기꾼이 들판에서 풀을 베듯" 에이해브의 다리를 싹둑 잘라놓았다. 그래서 에이해브의 입에서 이런 말이 쏟아져 나오게 만들었다. "나를 완전히 망가뜨려서 영원히 가련한 절름발이로 만들어버린 게 바로 그 망할 놈의 흰 고래지!", "지옥의 불길을 돌아서라도 녀석을 쫓아갈 거야."

   에이해브는 낸터킷의 다른 선장들처럼 수익에 몰두하는 사람이 아니었다. 그랬다면 이야기가 달라졌을 것이다.

상처받아 슬픔에 젖어 있는 사람만도 아니었다. 그랬다면 이야기가 달라졌을 것이다. 모비 딕을 향한 에이해브의 편집증적이고 광적인 몰두는 "초자연적인 복수"만을 위한 것도 아니었다. "말도 못하는 멍청한 짐승에게 복수라뇨! 녀석은 맹목적인 본능에 따라 선장님을 공격했을 뿐입니다! 미친 짓이에요!"라고 말하는 스타벅에게 선장은 이렇게 대답한다.

> 그 깊은 의미를 잘 이해해보라고. 이보게, 눈에 보이는 대상은 모두 두꺼운 종이로 만든 가면에 지나지 않아. […] 만일 뭔가를 찌를 생각이라면 바로 그 가면을 꿰뚫어야 해! 죄수가 벽을 뚫지 않고 무슨 수로 밖으로 나갈 수 있겠나? 나에게는 그 흰 고래가 바로 그 벽이야. […] [다른 선원들은] 그저 살아가기나 할 뿐, 자신들의 피부에 와닿는 타는 듯이 뜨거운 삶에 대해 궁금해하지도 않고 거기에 어떤 의미를 부여하지도 않지!3

선장이 알고 싶었던 것은 모든 것의 이면에 있는 단 하나의 궁극적인 확실한 의미였다. 내가 선장이었어도 눈물 흘리며 물어봤을 것이다. 왜 세상에 고래라는 것이 존재해서 하필이면 내 다리를 잘랐는가? 무엇이 고래로 하여금 그렇게 하게 했나? 나는 왜 태어나서 이런 일을 당해야 하는가? 내가 이런 일을 당하는 의미는 무엇인가? 왜 나는 따뜻한 집으로 돌아가 어린 아들을 안아주지 않고 모비 딕을 쫓으며 지치고 늙어가나? 왜 나라는 인간은 이 모습으로 사나? 무슨 힘이 나를 지배해서 나를 이렇게 행동하게 하나? 고래라면 이렇게 물어봤을 것이다. 왜 세상에 인간이라는 것이 있어서 나를 쫓아다니고 등판에 작살을 꽂는가? 왜 내 가족과 친구들을 죽이는가? 왜 우리의 피를 원하는가?

우리 인간은 MBTI나 사주팔자, 학벌, 자산 가치만 궁금해하는 존재가 아니다. 인생의 어느 순간 반드시 의미를 묻는다. 사는 것이 힘들고 공허할 때, 쓸쓸할 때 묻는다. 거울을 보다가도 밥을 먹다가도 택시의 창문에 비친 자신의 얼굴을 보면서도 묻는다. 잘 지내고 있다가도 문득 묻는 날이 있다. 이렇게 살아도 될까? 지금 제대로 사는 건가? 이게 다 무슨 의미인가?

   선장은 이런 생각을 한다. "세속에서 느끼는 가장 큰 행복이라 할지라도 그 속에는 무의미한 하찮음"이 도사리고 있고 "모든 슬픔의 밑바닥에는 신비로운 의미가 도사리고"

있다. 인간은 의미에 대한 질문에서 절대 벗어날 수 없다. 뭔가를 계속하려면 뭔가가 필요하다. 그 뭔가가 무엇인지 모르니 우리는 의미라고 부르는 것인지도 모른다. 그 뭔가는 끝까지 쫓아가봐야만 알 것도 같다. 어쩌면 의미는 몰라도 살아가게 하는 낙, 기쁨이 뭔지는 알고 살 수 있다. 선장은 의미에 대한 이 대답 없는 질문을 끝까지 밀고 나가면서 심오한 비극의 주인공이 된다.

쓰고 싶지 않은 힘

의미라는 문제가 나를 질기게 괴롭혔지만 그보다 당장 괴로운 것은 고래가 죽는 장면을 다시 읽는 것이었다. 에이해브 선장과 선원들이 망망대해에서 모비 딕을 만나는 데는 오랜 시간이 걸리고 그들은 그사이에 모비 딕이 아닌 다른 고래들을 몇 마리 잡는다. 그중 두 장면은 너무나 생생해서 잊을 수 없다.

첫 번째 장면은 선원들이 처음으로 고래를 잡았을 때였다. 고래의 온몸에서 피가 흘러나와 고래는 자신의 핏물 속에서 고통스럽게 나뒹굴었다. 바다에 피거품이 부글부글 끓어오르는데 해는 저물어가면서 마지막 햇살을 바다의 선홍빛 웅덩이에 던졌다. 그 햇살이 선원들 얼굴에 반사되었고 선원들 얼굴은 모두 주홍빛으로 물들어 반짝인다.

잊을 수 없는 두 번째 장면은 이렇다. 고래를 잡는 핏빛 싸움이 끝난 늦은 오후, 고래 네 마리가 석양과 바다를 배경으로 각기 숨졌다. 파도는 죽은 고래들의 옆구리를 끝없이 부드럽게 쓸어주었다. 장밋빛 대기 속으로 뭔지 모를 것이 아름답게 피어올랐다. 어쩌면 먼 육지에서 불어오는 바람일 수도 있고 아니면 죽어가는 생명을 앞에 둔 선원들 마음속 기도(비록 자기 손으로 죽였지만)일 수도 있다. 모든 향유고래는 죽어갈 때 태양 쪽으로 머리를 향하고 죽는다. 그때 흰 고래의 숨통을 끊어놓겠다는 일념에 사로잡힌 에이해브조차도 이렇게 말한다. "고래가 자꾸만 몸을 태양 쪽으로 돌리는구나. 느리지만 단호하게, 숨을 거둬가면서도 마지막으로 몸을 움직여 경의와 염원을 담은 이마를 들이미는구나." 이 장면은 꼭 워즈워스의 『서곡』의 시구 같다. "저물어가는 태양조차 / 남아 있는 마지막 힘을 다해 / 고요히 머뭇거리며, 최초로 떠올랐던 / 사랑스러운 꼭대기에 이별의 빛을" 비춘다.

생명은 어떻게 죽는가? 머뭇거린다. 아침이 오는 것과 사랑했던 것을 한 번 더 돌아보면서 죽는다. 그 뒤에 모든 생명의 영원한 본질인 순환 속으로 들어간다. 그 순환 속에서 우리의 이야기는 의미를 알 수 없는 항해를 계속한다. 그러나 바로 이 부분에서 독서를 방해하는 이야기 하나가 자꾸만 떠오른다.

참치 원양어선의 항해사였던 김민수는 현대판 고래의 죽음에 대해 나에게 다른 이야기를 들려주었다. 참치와 함께 그물에 끌려들어 온 고래는 밤새도록 거꾸로 매달려 있다. 참치 손질에 바쁜 선원들의 눈에는 고래가 보이지 않고 고래의 신음 소리도 들리지 않는다. 호텔 방만큼 커다란 고래의 얼굴에 눈물이 흥건하다. 눈물이 확실한가?

 김민수는 고래 눈에 물이 가득한 것을 보았고 눈물이 아니라고 생각할 이유가 없었다고 한다. 고래는 그렇게 원양어선에서 죽어간다. 마지막 물줄기를 뿜을 기회조차 없이. 내장을 입으로 쏟아내가면서. 의미를 알고 싶다는 유혹적인 명분은 있지만 에이해브가 사용하는 힘은 참치 원양어선 선장 혹은 사주들의 힘과 다르지 않다. 자신의 목표를 위해 선원들을 죽음으로 끌고 가는 에이해브의 힘은 내가 전혀 쓰고 싶지 않은 힘이다(나는 힘이 있을 때 힘을 어디에 쓰는지를 중요하게 생각한다).

나의 모비 딕

자신은 천국에 사는 사람은 아니라던 에이해브 선장의 곁에는 천국의 수줍은 조각들이 빛을 발하고 있다. 침대에 누워서 나누던, 식인종 친구와의 "나는 온 세상을 다 여행하고 싶어" 같은 대화, 진한 우정을 느끼게 하는 동료들과의 몸으로 하는 협업, 살아 있는 하늘, 바다의 빛. 사람의 마음을 거처로 삼는 온갖 감정들, 수많은 무지갯빛 물줄기들, 새끼들에게 젖을 먹이는 어미들. 태어난 지 하루밖에 되지 않았는데도 장난을 치는 아기 고래들. 바닷속 깊은 곳에서 몰래 사랑을 나누는 생명체들. 바다 냄새와 육지 냄새를 다 담은 바람들. 작은 것들의 큰 의미. 세상의 온갖 신비와 경이로움. 이런 것들이 하찮거나 무의미하다고 말하려면 나는 너무 많은 것을 기억에서 지워야 한다. 그리고 기억이 없다면 우리는 아무것도 아니다.

 나는 인생에 딱 한 번 일어나는 덧없는 것들을 너무 사랑하고 유일무이한 순간을 의미심장하게 여긴다. 나는 이탈로 칼비노가 말한 대로 해답이 아니라 경이로움을 즐긴다. 세상은 의미는 모르겠지만 경이로운 것으로 가득하다.

그러나 나 역시 나의 모비 딕을 쫓고 있다. 나에게 고통과 기쁨을 경험하게 만드는 뭔가가 있다. 깊게 빠져들게 만드는 뭔가가 있다. 편히 잠들지 못하게 하는, 위험을 감수하게 만드는 뭔가가 있다. 꼭 내가 해야만 할 일이, 포기하면 안 되는, 피하면 안 되는, 끝까지 따라가야만 하는 일이 있는 것만 같다. 나는 대체 무엇을 쫓고 있을까? 다 그만두고 편안한 잠 속으로 빠져들면 안 될까? 스스로를 그만 달달 볶고, 넋두리나 늘어놓지 말고, 불안 속에 쫓기지 말고 '할 수 있다', '할 수 없다'를 반복해서 되뇌게 하는 기이한 자의식에 시달리지 말고 좀 안정된 사람으로 살면 안 될까?

그런데 어떤 날은 알 것 같은 순간이 있다. 이번엔 진짜로 뭔가가 손에 잡힐 것 같다. 뭔가를 만나게 될 것 같다. 뭔가를 할 수 있을 것 같다. 단 한 번에 내가 왜 이러고 사는지 모두 설명될 수 있을 것만 같다. 내가 가지고 태어난 신비로움과 나만의 고유한 가능성을 찾을 것만 같다. 마지막으로 힘을 끌어모아 딱 한 번만 더 시도해보면 될 것 같다. 그때가 오면 마치 멜빌이 '유령의 물기둥' 장에 쓴 것처럼 신나게 달려 나아가는 것이다.

> 상앗빛 피쿼드호는 순풍에 돛을 달고 네 개의 해역을 미끄러지듯 천천히 지나갔다. […] 그중 제일 마지막 해역을 미끄러지듯 나아가던 어느 고요한 달밤,

파도는 죄다 은빛 두루마리처럼 둥글게 몸을 말고, 파도가 일으키는 소용돌이는 온 바다에 부드럽게 퍼져 고독이라기보다는 차라리 은빛 침묵에 가까운 무언가를 만들어놓고 있을 때였다. 그처럼 고요하던 그날 밤, 뱃머리에 이는 새하얀 물거품 앞 저 먼 곳에서 은빛 물기둥이 보였다. 달빛에 빛나는 그 물기둥은 천상의 것인 양 아름다웠고, 깃털을 단 반짝이는 신이 바다로부터 솟아오르는 듯했다. […] 며칠이 지나 이 한밤중의 물기둥이 기억에서 거의 사라졌을 무렵, 그때와 똑같이 고요한 시간에 또다시 보라! 하는 외침이 들려왔다. 이번에도 다들 물기둥을 보았다고 했다. 하지만 물기둥을 앞지르기 위해 돛을 펼치자 물기둥은 언제 거기 있었냐는 듯이 또다시 사라져버렸다. 그리하여 매일 밤마다 그런 일을 당하게 되자 마침내 다들 거기에 신경을 쓰지 않게 되었고 그저 놀라워하기만 할 뿐이었다. 그때그때 맑은 달빛이나 별빛을 향해 신비롭게 물기둥을 쏘아대고는 하루 온종일, 또는 이틀이나 사흘씩 다시 모습을 감추다가, 매번 뚜렷이 그 모습을 드러낼 때마다 어째서인지 더욱더 우리 배에서 멀어지는 듯한 이 외로운 물기둥은 우리를 영원히 유혹하는 듯했다.[4]

슬픔, 아름다움, 운명

자신을 기다려주는 누군가가 있다면 얼마나 좋을까, 어떻게 내 인생은 흘러갔으며, 내 인생은 얼마나 망가졌는지를 생각해보는 거죠. 모든 것을 바꿀 수만 있다면, 하고 바라지만 그것이 불가능하다는 것을 알 때…… 그게 바로 블루스예요.

[…]

- 모든 게 상처와 고통뿐이네요.

결국 그녀가 입을 뗐다.

- 그러나…….

- 그러나 뭐요?

- 그러나…… 아름다워요. 마치 눈물에 입을 맞추는 것처럼요. [1]

현대 도시에서의 삶이라는 세속적 시간에 대한 세련된 감각의 소유자, 제프 다이어가 쓴 『그러나 아름다운』이라는 책이 있다. 일단은 재즈 뮤지션들에 대한 이야기로 읽어도 좋다. 제프 다이어는 레스터 영, 버드 파월, 아트 페퍼, 텔로니어스 멍크, 듀크 엘링턴, 벤 웹스터, 쳇 베이커 같은 재즈계의 대천사들을 소설가만이 포착할 수 있는 순간 속에 사로잡아 창조적인 방식으로 되살려냈다. 전부를 쏟아붓는다, 전력투구했으나 한 번도 이루지 못했다, 실패했지만 그 실패는 아름다웠다, 한때 이루어졌지만 쇠퇴하고 힘을 잃어간다……. 이에 대해 생각해본 적이 없다면 쓸 수 없는 무척 아름다운 책이다.

이제 더 앞으로 나아가지 못한다면?
재즈계의 전설들은 인간으로 고통받고 대천사로 사랑받았다. 그들은 약물, 광기, 폭력, 인종차별, 가난, 마약, 술, 우울, 교도소, 정신병원을 경험했고 사랑과 갈채를 받았지만 비인간적일 정도로 난폭하게 대우받거나 행동했다. 삶이 주는 고통이 뭔지 알게 되어버렸고 거의 대부분 스스로를 돌보는 데 관심이 없었다. 그들 중 누군가는 깊게 타격을 받았고 누군가는 타격에서 결코 벗어나지 못했다.

 그들에게 삶은 어떤 것이었을까? 만약 삶의 정수가 무엇과의 '관계'라면. 그들의 경우, 삶의 정수를 음악과의

'관계'라고 본다면? 즉, 음악이 그들을 인간으로 만들어준다고 느꼈다면(나의 경우 책과 나의 관계가 나를 인간으로 만들어준다고 느낀다면)? 음악이 그들을 보이고 들리는 인간으로 만들어준다면?

책을 읽으면 이런 장면을 쉽게 떠올릴 수 있다. 그들 중 누구는 팬티만 입은 채 침대에서 트럼펫을 불고 있을 것이고, 누구는 "제대로 해! 이건 내 음악이야" 소리 지르고 있을 것이고, 누구는 음악에 슬픔, 희망, 반항, 고통을, "친구여 너는 너의 길을 가!"라는 외침을 집어넣고 있을 것이고, 누구는 병원에 입원해 아내가 내던 소음들, 접시의 달그락거리는 소리, 증기다리미의 쉿쉿 소리, 싱크대로 흘러들어가는 물소리, 옷을 입을 때 바스락거리던 소리를 그리워하며 그런 소리들을 담은 음악을 아내를 위해 작곡하고 싶어 했을 것이다. 누구는 자신의 나쁜 기억과 상처를 닦아내려고, 누구는 이미 죽은 사람들에게 가닿으려고, 누구는 추락한 뒤에 자신에 대한 신뢰를 회복하려고, 누구는 갇혀 있는 교도소의 벽을 무의미하게 만들려고, 누구는 사랑을 되찾으려고 혹은 사랑을 표현하려고 연주했을 것이다. 자신이 이제 끝났음을 아는 누군가는 "아주 단순한 음도 위대한 진혼곡"의 한 소절처럼

"사람의 마음을 찢어놓는 경지"에 이르는 연주를 했을 것이다.

그들은 음악에 관한 한 고집스럽고 맹목적이었고 비타협적이었고 물러나지 않았고 견디지 못할 것이 없다는 듯 싸웠다. 그것 빼곤 나머지는 중요하지 않다는 듯. 그들 인생은 전쟁터, 그것도 맨몸으로 싸우는 육박전 같았다. 무기는 그들의 악기(그들 모두는 그들 몸에 붙어 있는 악기로 알아볼 수 있었다). 이 육박전에는 고통도 있지만 품위가 있다. 거부감도 있지만 매혹도 있다. 전부를 걸고 그 대가로 거의 모든 것을 견디는. 그리고 그들 안에 담긴 많은 것들이 음악이 되어 나왔다.

[...] 예술가란 자신에게 벌어진 모든 일을 장점으로 전환할 수 있는 사람이라고 나는 믿어 왔네. 자네에게도 맞는 말인가, 버드? 자넨 삶에서 벌어진 사건들을 장점으로 바꿀 수 있었나? 자네의 초기 작품들은 그것을 설명했고 모든 사람이 그 점에 동의하고 있네. 하지만 연주할 수 없었던 날들은 어땠나? [...][2]

이것은 쇠퇴에 대한 질문이다. 한때 이루었으나 이제 더 앞으로 나아가지 못한다면? 그것조차 재료가 될 수 있나?
찰리 파커의 표현을 빌리자면 "음악은 너의 경험이고, 너의
생각이며, 너의 지혜다. 그것과 살아보지 못했다면 그것은
결코 너의 색소폰을 통해 나올 수가 없다".

  책도 그것과 함께 시험대에 서보지 않았다면, 책과 함께
자기만의 작은 지옥과 천국을 통과해보지 않았다면, 책을
짠맛으로 경험해보지 않았다면 삶을 통해 깊게 나올 수가
없다.

> [...] 그는 사람들이 모여서 함께 불어 젖히던 시대에
> 늘 뿌리를 박고 있었다. 음악에 기여하겠다는 생각,
> 그것에 무엇인가를 바쳐야겠다는 생각은 나팔이든,
> 피아노든, 무엇이든 간에 자신만의 소리를 발견하도록
> 만들었다.3

'기여'는 그 말을 쓰는 사람에게 품위를 부여하는 단어다.
그리고 에너지를 끌어올리게 하는 단어다. 기여라는 행위가
없었다면 인류 역사는 지금과 달랐을 것이고 지상의 많은
좋은 이야기도 없었을 것이다. 어쨌든 기여하고자 했던
그들에게는 어떤 일이 벌어졌을까? 자신만의 소리를
찾거나 말거나 그것이 그렇게 중요한가? 물론 중요했다.

그것이 그들의 말이자 삶, 불타는 핵심, 존재 이유, '이것이 나다!'라고 할 만한 것, '인생을 건다'는 말이 의미하는 모든 것이니까.

그들은 오늘날까지도 그들이 연주한 음악에 둘러싸여 있다. 그들은 음악에 삶을, 슬픔과 희망을 집어넣었고 우리는 삶에 그들의 음악을 집어넣는다. 가끔은 눈을 감고 듣는다. 가끔은 내가 음악을 받아들이는 것이 아니라 음악에 내가 받아들여지는 중이라고 느낀다. 그리고 잠시나마 뭔가를 이해할 것도 같다. 도저히 풀릴 것 같지 않은 삶의 복잡성과 그 너머에 있는 순수함에 대해서. 사랑보다도 행복보다도 더 깊은 그 무언가에 대해서.

그럴 때 음악은 시간을 멈춰 세운다. 우리를 다른 곳으로 데려간다. 그 순간에는 음악 말고는 아무것도 존재하지 않는다. 그 순간 우리는 삶에 대해서 뭔가 알 것만 같은 느낌을 받는다. 아마도 '그러나 아름다운'은 이 결함 많은 삶에서 자신을 실현할 수 있는 유일한 방법일 것이라는.

제아무리 노력해봤자 아무 곳에도 이르지 못한 것 같은 나날들은 이렇게 위로받고 우리는 퍼뜩 정신을 차리고 자신의 길을 간다. 제프 다이어는 이 모든 것을 우리가 더 잘 이해할 수 있도록, 음악을 이야기로 펼쳐냈다. 책을 읽은 우리는 얼른 음악을 찾아 듣고 싶어진다.『그러나

아름다운』은 세상에서 가장 좋은 것인 '듣기'를 촉구하는
책이다. 그들이 음악에 얼마나 많은 것을 걸었는지, 얼마나
많은 피, 땀, 눈물을 쏟아부었는지를 알게 되었으므로,
우리는 그들이 만든 음악에 귀를, 몸을, 인생을 완전히
맡겨보고 싶다. 마치 사랑에서처럼.

순간들
이 책을 읽는 방법이 더 있을 수 있겠다.
　『그러나 아름다운』은 우리의 덧없는 순간들에 관한
이야기다. 세상은 잘 돌아가는 것 같은데 나는 그렇지
않다고 느끼는 쓸쓸한 순간, 카페에서 이야기를 나누지만
마음은 다른 곳에 있던 순간, 접시를 반짝반짝 닦아
싱크대에 올려놓는 순간. 내일은 더 낫겠지 생각하며
잠이 드는 순간, 창가에 서서 도시의 야경을 바라보는
순간. 장바구니에 담을 세일 중인 물건을 찾아 마트를
빙빙 도는 순간, 돈을 아끼다 지친 순간, 병원에서 나와
안도의 한숨을 쉬는 순간, 무서운 병에 걸린 것은 아니겠지
혼자서 옷자락을 들춰 보는 순간. 벚꽃잎이 바람에 날려
떨어져버리는 것을 아쉬워하는 순간, 뉴스를 보고 눈물을
흘리는 순간, 그늘 없어 보이는 사람들 앞에서 초라해지는

순간. 지쳐서 물 한잔을 마시는 순간, 카페인을 찾아 헤매는 순간. 헤아릴 수 없이 많은 일상 속의 미세한 시간들. 제프 다이어의 표현을 빌리면 "참을 만한 절망이 반복되는 일상의 일부분, 일상 속에 녹아든 모든 시간의 압축본" 같은 순간.

아니면 정반대되는 삶의 순간들, 아무것도 아닌 일에 웃음을 터트리는 순간들. "우와, 오늘 달 진짜 환하다!", "저 구름 좀 봐. 양 같아!", "그때 그 은행나무 기억나?" 이런 대화를 하는 순간들.

이런 순간들이 아무것도 아닐까? 책에는 아무것도 아닌 순간이 결정적인 순간으로 바뀌는 부분이 몇 차례 나온다. 그중 두 장면이 떠오른다.

그는 매우 느리게 연주했다
테너 색소폰 연주자 벤 웹스터. 외로움은 평생 그를 쫓아다녔다. 집에 돌아와서도 그는 속옷 바람으로 앉아서 조용히 색소폰을 불었다. 아침이 되면 그는 색소폰을 안은 채 소파 위에 널브러져 있는 자신을 발견했다. 날이 밝으면 그는 갈색 외투를 입고 모자를 쓰고 산책을 나갔다. 그의 가슴은 메마르는 법이 없었다.

- 안녕하세요, 벤 웹스터 씨.

　인사를 건넨 사람이 누구인지도 모른 채 그는 손을 흔들어 응답했다. [⋯] 누군가가 미소를 짓고, 그의 이름을 부르고, 개 한 마리가 쓰다듬어달라고 달려오는 것 같은 단순한 일도 그의 양 볼에 눈물 자국을 만들기에 충분했다. 그는 늘 쉽게 울었다. 그가 뭔가를 잘못했다는 것을 깨우치자마자 또는 누군가가 그에게 호의를 베풀자마자……. 모든 진실함은 그를 울게 만들었다.[4]

코펜하겐에 머물던 시절 그는 클럽 일을 마치고 항구로 걸어가 해가 뜰 때까지 그곳에서 연주를 하곤 했다. 가장 완벽한 청중은 바다였다. 바다는 "모든 음을 더 깊게 만들어주고 그 음을 좀 더 길게 끌도록 만들어줬다". 또 다른 청중도 있었다. 어슴푸레한 안갯속의 뱃전에 기댄 뱃사람들, 하역노동자들, 선원들, 갈매기들. 어느 날은 고래 두 마리가 수면 가까이 나타나 벤의 연주를 들었다. 고래들은 "물결과도 같이 느린 블루스 울음소리"를 대양 깊은 곳으로 실어 날랐다. 누군가 벤에게 고래들이 그의 음악을 들었다고 말해주었다. "벤은 다른 종족에 의해 위협받고 있는 또 다른 종족에 대한 알 수 없는 일체감을 느끼며 눈물을 흘렸다."

그는 매우 느리게 연주했다.

   사람들은 그 위에 무겁게 얹힌 시간의 무게를
들을 수 있었다. 어떤 면에서 그의 연주는 느릴수록
훌륭했다. 그는 긴 삶을 살았고 그런 만큼 모든 음에
담고 싶은 것이 많았기 때문이다. 동시에 그의 어떤
부분은 결코 어른이 되지 않았다. 그는 소년의 감정을
품고 있었고 […] 매우 큰 소리를 가졌음에도 그
소리를 부드럽게 달래는 그의 연주는 갓 태어난 짐승을
두 팔로 조심스럽게 안고 있는 농부 또는 건설 노동을
해온 한 남자가 사랑하는 여인에게 꽃을 건네주는
모습을 보는 것 같은 느낌을 준다. […]5

어느 날 벤은 영국의 시골을 보고 싶다고 했다. 벤의
일행이 벤이 살고 있던 연립주택을 나와 끝없이 달려
시골에 도착하자 가느다란 비가 내리기 시작했다. 일행은
작은 숲으로 들어갔다. 머리 위로는 이파리들을 두드리는
빗소리가 들렸다. 숲의 끝에 이르자 벤은 자신은 거기서
일행을 기다리겠다고 했다. 벤을 뺀 나머지 사람들은 좁은
길을 따라 걷기 시작했다. 그렇지만 일행은 벤이 걱정이
돼서 이내 길을 되돌아가기로 했다. 그러나 그들은 10분

만에 길을 잃고 말았다. 그들이 벤과 헤어졌던 자리에 오게 된 것은 순전히 운이었다. 발자국을 찾으려고 숲의 끝으로 향했다가 우연히 벤을 발견한 것이다. 그들은 그의 이름을 부르려다가 참았다. 왜일까?

그 찰나에 방해하고 싶지 않은 행복한 장면이 눈에 들어왔습니다. 지평선 너머 구름 사이로 태양이 모습을 보이고 있었고 몇몇 나무들은 검은 실루엣이 되었지만 다른 나무들은 황금빛으로 물들고 있었어요. 잎을 통해 떨어지는 옛 빗방울로 젖은 고요함이 숲을 가득 채우고 있었죠. 새들은 높은 나무 위에서 날아올라 들판을 가로질러 가고 있었어요. 벤은 그 숲의 끝에 있었어요. 산 입구 문기둥에 기대어 멀리 농가에서 피어오르는 연기가 들판 위를 지나고, 구름이 천천히 언덕 위를 넘는 것을 바라보면서 말이죠. 우리는 아무런 소리도 내지 않고 조용히 그곳에 있었어요. 마치 이런 장소에서는 처음 보는 아름다운 새 한 마리와 우연히 마주친 것처럼 말이죠.

사람들은 그의 음악이 제게 어떤 의미인지를 물어요. 전 그의 음악을 들을 때마다 그날 오후가 떠올라요. 그날은 제게 그의 음악과 같았어요. 제가 말할 수 있는

슬픔, 아름다움, 운명

것은 이게 전부예요.[6]

나는 이 부분을 여러 번 읽었다. 세상이 아무리 소란해도
읽을 때마다 마음 깊이 고요해지곤 했다. '고요.' 인생에서
정말 잃고 싶지 않은 단어다. 나는 그가 색소폰을 불 때
어떻게 바다 냄새를 담았을지 궁금하다. 고래가 떠오르는
항구에서 집에 돌아간 그가 단 한 사람(단 한 고래)에게라도
좋으니 아름다움을 전하고 싶어 하는 것을 어렵지 않게
상상할 수 있다. 그 순간을 위해서 그는 얼마나 수없이
색소폰을 입에 댔을까. 나는 결국 벤 웹스터의 음악을 찾아
듣는다. 그리고 그 음악 속에 잠시 머무른다. 세상이 생긴
이래로 항상 누군가는 우리 삶에 아름다움을 불어넣고
있다. 상황이 이런데 어떻게 삶이 아무것도 아니라고 할 수
있겠는가.

기억이 없는 시간에 성냥불이 켜진 순간
또 하나의 장면은 내게 개인적으로 중요한 일을 연상시킨다.
평생을 요란하고 정력적으로 살았던 찰스 밍거스가 나이
들어 힘이 다 빠진 뒤 휠체어를 타고 떠난 멕시코 여행
이야기다.

> 쇠약해진 그는 높은 하늘에서 맴도는 새 한 마리를
> 보았다. 심지어 그 새의 날개마저도 움직이지 않고
> 정지해 있었다. 새의 그림자가 그의 무릎 위로
> 떨어졌다. 그는 새 깃털을 헝클고 다시 쓰다듬기 위해
> 모든 에너지를 불러 모으고 있었다.[7]

이 부분을 읽는 동안 마음속에 뭔가가 지나갔다. 우리 아빠였다.

아빠는 봄을 맞아 가지치기를 하다 나무에서 떨어지는 바람에 고관절 수술을 받았다. 긴 수술 후 회복되지 못하고 섬망 증세를 보였다. 발음이 부정확해졌고 눈은 허공을 맴돌았다. 아빠는 자신이 어디에 있는지 몰랐다. 그 와중에도 병원에서 탈출해 집으로 돌아가고 싶어 했다. 의료진은 움직이면 뼈가 붙지 않는다고 아빠를 침대에 묶어두었다. 침대에 묶인 채 탈출을 꿈꾸는 아빠의 모습에 영향을 받지 않기는 불가능했다.

하루는 병실에 청소노동자가 빗자루를 들고 들어왔다. 슬프고 고요한 오후였다. 바깥은 봄이었다. 그때 놀랍게도 아빠가 정확한 발음으로 청소노동자에게 말을 건넸다.

"아! 수고가 많으십니다."

수술 후 내가 최초로 들은 아빠의 정확한 말이었다. 강렬한 순간이었다. 조금 전까지 흐릿하게 지워져가던 아빠는 사라지고 없었다.

"아빠다! 아빠가 돌아왔어!"

너무 기뻤다. 그러나 이것이 내가 마지막으로 들은 아빠의 명료한 말이 되었다. 그 말을 마지막으로 아빠는 더 이상 말을 하지 못했다. 돌이켜 생각해보면 아빠는 그 한마디 말을 하기 위해서 "모든 에너지를 불러" 모았던 것이다. 한 사람의 인생이 한순간에 압축되어 나타날 수 있을까? 나는 그렇다고 생각한다. 아빠는 평생 일하는 사람들의 수고를 잘 알아봤다.

아빠는 평생 그랬던 것처럼 조용히 빛을 발하며 떠나셨다. 그리고 지금은 내가 "에너지를 불러" 모아야 할 때마다 나와 함께한다. 아빠는 나의 숨결이 되었다. 마치 마거릿 애트우드가 한 말처럼, 우리는 자신이 한 줌의 먼지로 화하리라는 관념에 저항한다. 그래서 대신 언어가 되길 소망하는 것이다. 다른 이의 숨결이 되는 것.

버지니아 울프는 바로 이런 순간들을 '존재의 순간'이라고 불렀다. 울프의 소설 『등대로』 속 표현을 빌리면,

> 삶의 의미가 무엇일까? 그 물음이 전부였다. 이
> 단순한 물음이 세월이 흘러가면서 밀려들곤 했었다.
> 위대한 계시가 밝혀진 적은 단 한 번도 없었다. 아마도
> 위대한 계시가 찾아오는 일은 결코 없을 것이다.
> 대신에 사소한 일상의 기적이나 등불, 어둠 속에서
> 뜻밖에 켜진 성냥불이 있을 뿐이었다.[8]

울프는 우리의 하루하루는 존재보다 비존재로 이루어지는 부분이 더 많다고 생각했다. 누구랑 뭘 먹고 커피를 마시면서 무슨 이야기를 했는지 잠시 후면 다 잊어버린다. 대부분의 날이 그렇다. 그냥 하던 일을 하고 빨래하고 밥 먹고 뭐 좀 보거나 가족들과 일상적인 이야기를 나누다가 잔다. 건강검진이나 시험 결과를 기다리거나, 큰 걱정거리가 있거나 고통에 시달리면 비존재의 시간이 더 커진다. 어린 시절도 비존재의 시간이 더 크다. 비존재의 시간은 흔적을 남기지 않는 시간이다. 기억이 없는 시간이다. 그런데 무슨 이유에서인지 모르지만 갑자기 강렬하게 기억에 남는 순간이 있다. 오랜 시간이 흘러도 바로 눈앞에서 벌어지는 일처럼, 마치 눈앞에 성냥불이 켜진 것처럼 생생한 순간들. 이것이 존재의 순간들이다. 비존재의 흐름을 끊어주는 시간.

　울프는 삶의 의미는 엄청난 무엇인가를 찾아 헤매는 것이

슬픔, 아름다움, 운명

아니라 일상의 소소한 그러나 강렬하고 빛나는, 어쩌면 충격과도 같은 '존재의 순간들'을 포착하고 소중히 여기는 데 있다고 생각했다.『등대로』에서 화가 릴리는 이렇게 말한다.

> 내가 원하는 건 일상적 경험의 차원에서 이건 의자고 저건 식탁일 뿐이라고 느끼는 동시에 이건 기적이고 저건 희열이라고 느끼는 거야.9

아빠가 두 달 뒤에 존재에서 비존재로, 생명에서 무로 변할 것이라는 생각은 전혀 못 하던, 당시에는 건강에 아무런 이상이 없던 아빠랑 초봄 어느 날 서울식물원에 간 날이 있었다. 우리는 팔짱을 끼고 걸었다. 그날 아빠가 말했다.
"저 불이 켜진 건물은 무슨 건물이지? 누가 밤늦도록 일하는 거지?"
아빠는 야근을 많이 했다. 나는 모르겠다고 했다.
"야경을 보여줘서 고맙다!"
그날의 산책은 산책 이상의 것으로 남았다. 이제 야경은 문득문득 내 마음을 애틋하게 만든다. 모든 야경은 그날의 야경을 연상시킨다. 이 기억은 슬픈데도 마음이 따뜻해진다. 이런 순간 삶의 의미가 아주 단순하게 변한다. 삶에 의미가 있다면 우리가 함께한 순간의 의미 때문이다(그리고 이제 세상을 향한 나의 사랑에는 불안의 흔적이 묻어 있다. 생명은 죽는다는 것을 알고 있으므로).

  이 불안과 섞어서 좋은 꿈을 만들 무엇인가가 필요했다. 어맨다 고먼의 「아침의 기적」이라는 시가 있다.

> 우리는 빛 속에서 발화하는 게 아니라 빛이 부족한 데서 발화한다,
> 상실 속에서 사랑하는 법을 정말로 배울 수 있기 때문이다.
> […]
> 우리에게 감사함을 주는 것은 바로 슬픔이라서,
> […]
> 고통을 무시하지 말라. 고통에 목적을 주라. 그걸 쓰라.
> […]
> 인류가 그 짐들을 어떻게 용감하게 안는지 지켜볼 거다,
> 또 우리를 친절한 인간으로 만드는 순간들도.
> […]10

슬픈 사람의 아름다운 자아

『그러나 아름다운』을 귀하게 여기는 이유가 한 가지 더 있다. 이 책의 제목은 많은 것을 연상시킨다. 누군가 내게 "당신은 어떤 이야기를 좋아하세요?"라고 묻는다면, 나는 '그러나 아름다운' 이야기를 좋아한다고 말하고 싶다. 내 심장은 '그러나 아름다운' 이야기들에 반응한다. 한 인간으로서 고통받을 수 있다, 외로울 수 있다, 평생 헤어 나오지 못하는 슬픔이 있을 수 있다, 이해받지 못할 수 있다, 두려울 수 있다, 사랑이 이루어지지 않을 수 있다, 모욕과 수치를 당할 수 있다, 뜻대로 되는 것이 거의 없을 수 있다....... 그러나 누군가는 실패하지 않았다. 아름다움을 만들어내는 것을.

프루스트의 말처럼 "인생에는 우리를 덮치는 다양한 시련들과 그 일련의 사건들에서 일종의 아름다움이 나오는 순간"이 있고 나는 그런 순간을 사랑한다. 내 '존재의 순간'의 절반이 '그러나 아름다운' 이야기를 듣는 순간들이었다. 내가 어떤 이야기를 좋아하는지 아는 것은 의미가 아주 크다.

나는 어떻게 살 것인가의 문제를 늘 이야기와 연결시킨다. 좋아하는 이야기를 아는 것은 내가 무엇에 영향을 받는지 알고 있다는 말이다. '그러나 아름다운'은 내 마음의 가장 깊은 곳을 건드린다. 나는 이렇게 이야기에 건드려지는 부분을 '존재의 핵심'이라고 부른다. 이 존재의 핵심에 있는 것이 우리를 우리 자신으로 만든다. 마음이 운명과 관계를 맺게 만든다. '그러나 아름다운'은 나를 변하게 할 힘이 있다. 나를 사랑이 넘치는 사람으로 변신시킨다. 나는 슬픈 사람의 아름다운 자아를 사랑한다. 아무리 가슴 아픈 일이 생겨도 아름다움은 여전할 수 있다. 이것이 인간의 가장 빛나는 부분이다. 사랑하지 않을 수 없다.

무안 블루스

전남 강진에서 태어나 줄곧 남도에서 살고 있는 임의진 목사라는 분이 있다. 그는 자유로운 여행자였다. 자유롭게 매여 있을 줄도 알고 자유롭게 떠날 줄도 알았다. 그는 제주항공참사로 누나, 매형, 여동생을 잃었다. 사고가 난 며칠 뒤 임의진 목사는 이렇게 말했다.

"이 슬픔을 내가 겪지 누가 겪게 할까."

숭고한 말이다. 그러나 그 이면은 얼마나 슬프던지. 싸늘하게 식은 사랑하는 몸보다 더한 어둠이 어디 있을까?

무안공항에 그를 만나러 갔다. 사고 소식을 들은 가족들이 하염없이 바라보던 게이트가 내 눈에도 보였다. 이 '하염없이'는 결코 끝나지 않을 것이다.

"목사님, 참사 전에는 뭘 하고 계셨어요?"

"성경 마가복음을 전라도 사투리로 번역하고 있었어요."

"그건 어떻게 하는 거예요?"

"뭔 야그냐면, 예수께서 가라사대, 거시기가……."

"옴매, 그것이 머시랑께."

"웬만한 건 다 거시기로 하면 되니까. 거시기가 거시기해서 거시기항께."

우리는 '거시기' 때문에 웃었다.

"겁나 재밌었는데."

하지만 웃음은 짧았다. 잠시 후 목사님이 작은 목소리로 재빨리 말했다.

"죽을 것 같아요."

제주항공참사가 일어난 무안공항은 비탄의 장소지만 사람을 살리려는 에너지가 있었다. 우선 유족들의 어린 아이들이 웃고 있었다. 공항 휴게실에서 그 아이들과 색칠 놀이를 하고 블록 쌓기를 하는 자원봉사자들 중에는 4·16가족나눔봉사단의 어머니들이 있었다. 부모들은 아이들을 떠나보내고 수도 없이 물었다. '이제 내가 널 위해 무엇을 해야 할까.' 그 질문에 대한 대답이 이 모습으로 나타났다. 4·16가족나눔봉사단은 이태원참사 현장, 고공농성장, 산불 현장 등 거의 모든 재난 현장에 간다.

"왜 가시는 거예요?"

나눔봉사단의 윤희 엄마는 이렇게 말한다.

"곁에 있어주고 싶어요."

'곁에 있어주고 싶다', 이 말은 생각보다 단순하지 않다. 세월호의 그날, 아이들은 사랑하는 이름을 수도 없이 불렀을 것이다. "엄마!", "아빠!" 그러나 엄마, 아빠는 그날 곁에 있을 수 없었다. 부모들은 아이들이 최후의 순간에 외로웠을 것이라고 생각한다. 부모들에게는 '곁에 없던 사람'이라는 정체성이 생겨버렸다.

"무안에 들어서자마자 우리들이 겪은 일들이 생각났어요."

나눔봉사단의 은정 엄마의 말이다.

"영정 사진 앞에서 묵념하시잖아요. 속으로 무슨 말 하세요?"

"우리는 재난 현장을 하도 많이 다녀서 이제 공식 같은 것이 있어요. 저절로 마음에 떠오르는."

어떤 말일까?

"우리 아이들 만났겠네요……. 우리 아이들을 이렇게 일찍 만나면 안 되는데……."

그들은 너무 이른 죽음에 대해서 잘 알고 있다. 그리고 알고 있다. 천국이 있다면 그 천국에는 우리가 사랑했던 사람들이 모두 모여 있을 것을.

"이렇게 재난 현장에 다니긴 하는데 너무 힘들어서…… 그만두고 싶어요."

어머니들은 여기에 한마디를 얼른 덧붙였다.

"지금이라도."

우리는 웃었다. 그 웃음도 짧았다. 그러나 아무리 가슴이 아리더라도 이렇게 하는 것만이 세상을 떠난 아이들과 함께할 수 있는 유일한 방법이다.

"여기는 우리 때와는 달리 브리핑을 빨리빨리 해주더라고요. 아이들 돌보다 보면 옆에서 브리핑 소리가 다 들려요. '시신 조각'이라는 말……."

"……."

"한번은 우리라도 뭐라도 찾아보자고 사고 현장 쪽으로 걸어갔어요."

무엇을 찾는다는 말인지는 물어볼 수 없는 것이다.

"나눔봉사단은 어떻게 시작하셨어요?"
"우리는 아이들이 살아 있는 줄 알고 팽목항으로 갔어요. 그렇지 않다는 것을 알고는 물 한 모금 넘길 수가 없었어요. 그때 물을 가져다주고 마셔야 한다고 다독여주던 사람들이 있었어요. 그때는 그게 정말 싫었어요. 하지만 나중에 생각해보니 그 사람들이 없었더라면 먹지도 마시지도 못했을 거란 것을 알았어요. 우리가 받았던 도움을 되돌려주고 싶어요."

나는 슬프고 고통스러운 사람들이 이 어머니들의 품에 얼마나 많이 안겼는지 알고 있다. 이렇게 해서 죽은 아이들은 엄마들을 떠나지 않고, 떠나기는커녕 엄마들을 어디론가 가게 한다. 이 아이들은 다른 방식으로 여전히 살아 있다. 엄마의 기억 속에서만이 아니라 엄마의 몸짓에서. 색칠을 하는, 종이접기를 하는, 꼬마들을 안고 돌보는 몸짓에서.

이렇게 사랑은 살아남고 아이들의 존재하지 않았던 삶은 계속된다. 이 부모들은 어떻게 해야 우리 사랑이 영원할까로 끝없는 이야기를 만들고 있다. 나는 이들을, 사랑을 잃었을 때 어떻게 사랑했는지, 어떻게 사랑에 헌신했는지, 그 모습으로 기억하고 싶다.

공항에서 음식을 마련한 사람들 중에는 남태령에 있었던 여성 농민들이 있었다. 12월 21일부터 22일, 훗날 '남태령 대첩'이라 불리던 그날, 남태령에 있었던 여성 농민 오순이 전국여성농민회총연합 사무처장은 동짓날 모세의 기적을 경험한 것 같다고 했다.

> 차 벽을 뚫고 시민들이 하나둘 오시더니 밤 10시가 되니 이미 남태령은 형형색색의 응원봉들로 가득 찼어요. 그래도 지하철이 끊기는 시간이 다가오고, 영하 7도 이하의 산바람을 맞고 있으니 시민들이 이제는 돌아가고 그러면 우리는 잡혀가겠구나 생각했는데, 아무도 가지 않는 거예요. 우리 농민들을 지켜주겠다고. 새벽에 도저히 잠들 수 없어 몇 시간을 걸어서 왔다는 분, 부산에서 첫 기차를 타고 오셨다는 분까지 계셨어요. 우리가 배고픔에 지쳐 있을 때 오시는 분마다 음식을 싸가지고 왔어요. 일일이 나열할 수 없을 만큼 많은 음식들이 왔어요. 즉석에서 양곡관리법에 대해서 공부하는 분들도 있었어요. 우리

농민들을 위해서요. 그래서 "우리는 남태령에서 받은 위로와 사랑을 제주항공참사 현장에 그대로 전달해야 합니다!"라고 했어요. 사실 제가 그 말을 하기도 전에 여성 농민들은 공항으로 달려갈 준비를 하고 쌀을 씻고 김장독을 열고 시금치를 뽑고 있었어요. 어떤 음식이 나올지 우리끼리도 모를 정도로 자발적이었어요. 이렇게라도 우리가 받았던 사랑을 돌려드릴 수 있어서 다행입니다.

"그대가 나를 두 손 벌려 맞이할 때, 그대는 / 그대 자신을 맞이하는 것이다"라는 네루다의 시구가 생각난다. 남태령 이야기는 가슴 벅찬 다정한 인간이 만들어지는 순간에 대한 이야기이기도 하다. 어맨다 고먼의 시구처럼, "우리가 어떻게 감동받았는지가 / 서로에게 어떤 존재인지를 말해준다".

   우리는 사랑할 수 있고 사랑을 갈망한다. 우리는 이해할 수 있고 이해받기를 갈망한다. 우리는 나눌 수 있고 나눔을 갈망한다. 혼자만 좋은 것이 아니라 '서로 좋은' 관계를 더 많이 갈망한다. 이것이 어른의 몸짓이다. 우리에게 또 하나의 삶이 있다면 우리는 바로 이렇게 살고 싶어 할 것이다. 아낌없이 나누며, 아낌없이 사랑하며.

이 두 이야기에 공통적으로 나오는 말은 '사랑과 감사를 되돌려주다'이다. 이것이 우리 인간이 '함께하기'라는 꿈을 이루는 방법이고 삶으로 이어 붙여가야 할 이야기다. 나는 이미 이분들에게 너무 많은 빚을 졌다. 이들은 무엇이 나를 이렇게 살도록 밀어붙였나 생각해볼 때 빼놓을 수 없는 얼굴들이다. 이들 덕분에 나는 나빠지고 있는 것만 같은 세상에서 비관적이고 부정적인 생각에만 빠져 있지 않을 수 있었다. 인간 정신의 힘이 얼마나 대단한지 느꼈고, 사랑이 얼마나 창조적인지, 사랑으로 할 수 있는 일이 얼마나 많은지 배웠다. 나는 깊은 눈빛을 가진, 생명을 지키는 데 기여하는 것이 사랑이라고 아는 사람들의 말 없는 격려를 받으면서 내 나름대로 사랑과 우정으로 할 수 있는 일을 찾아보려 할 수 있었다. 나도 사랑과 감사를 되돌려줘야 한다. 그래서 소원이 있다.

나를 실현하는 방법

할 말을 잃은 마음, 피가 흐르는 상처에 깊이 연민한 시인, 온갖 고통을 겪으면서도 한 조각 희망을 가지고 산다는 것의 의미를 가장 잘 알았던 시인, 세상을 떠난 이들과 앞으로 살게 될 이들 모두를 위한 시를 썼던 시인 세사르 바예호의 시구 중에 이런 구절이 있다.

> […]
> 초 두 개로 빵 한 조각만 한 시신을 지키는 이,
> […]
> 화재로 그림자를 잃어버린 이,
> […]
> 고통이나 수치심으로 땀 흘리는 이,
> […]
> 명예를 가지고 사는 이가 사랑받기를.
>
> 넘어져서 아직 울고 있는 아이가 사랑받기를.
> 넘어졌는데도 울지 않는 어른이 사랑받기를.
> […]11

나는 이런 사람들이 사랑받기를 원한다. 슬픈 사람이 사랑받기를, 더 슬퍼하려는 사람이 사랑받기를, 자신이 슬픈데도 다른 슬픈 사람을 도우려는 사람이 사랑받기를. 자신도 힘이 없는데도 다른 힘없는 사람을 도우려는 사람이 사랑받기를. 이 모든 슬픔 속에서 진실과 변화를 말하는 이가 사랑받기를.

내가 이런 생각을 하는 동안 목사님은 마가복음 전라도 사투리 번역을 마쳤다. 슬픔 속에서도 얼마나 '징허게' 애썼길래 벌써 다한 겨?

"예수 씨, 여기를 보씨요. 안식일에 금하는 짓거리를 해대는 이유가 대절 뭐시디오?"

제프 다이어의 『그러나 아름다운』에 이런 장면이 나온다. 누군가 듀크 앨링턴에게 물었다.

"듀크, 음악에 관한 철학이 뭐죠?"

그는 이렇게 대답했다.

"전 오래전부터 내려오는 굵은 눈물방울을 좋아합니다."

이 부분을 읽으면서 '나도 그런가?' 하고 돌아봤다. 누군가 눈물을 흘린다면 그것은 나에게도 중요한 일이다. 세상에는 소리 없는 것이 많다. 말없이 흘리는 눈물 같은 것. 소리는 없지만 잘 보인다. 누군가는 그것을 재료로 삶을 만든다.

슬픔. 그것은 누구에게나 있다(시몬 베유의 표현을 빌리면 "햇빛처럼 모든 사람에게 관여"하는 슬픔). '그러나 아름다운' 이야기를 좋아하는 나는 슬픔, 아름다움, 운명, 이 셋이 본질적으로 삶에 중요한 것이라고 믿는다. 그러나 이야기에 아름다움을 집어넣는 것은 쉽지 않은 일이다. 찾을 수 있는 아름다움은 다 찾아야 하고 붙잡을 수 있는 아름다움은 다 붙잡아야 한다. 나는 슬픔에 아름다움이 섞여 개개인의 운명이 만들어지는 것을 커다란 애정으로 지켜보고 있다. 많은 날, 많은 순간 마음이 짠하다.

 알베르 카뮈의 말이 생각난다. "펜을 바다에 담가 부드럽게 만들고 싶습니다." '그러나 아름다운'은 그런 펜으로밖에 쓸 수 없다. 나에게도 이 한 번뿐인 삶에서 나를 실현할 방법은 '그러나 아름다운'뿐이다.

내 인생 이야기하는 법

내 인생 이야기에는 몇 달 만에 번 수십억 돈, 스포트라이트, 부동산, 주식, 엄청난 모험, 눈부신 성취는 없다. 대신 뭐가 있을까?

 제주도에서 만난 누군가의 자동차 뒷좌석에 레이첼 카슨의 책이 놓여 있던 것을 보던 하루가 있다. "어, 이 책 좋아하세요?" 책 제목을 보는 것만으로도 친밀감을 느꼈다. 그 책은 『바다의 가장자리』였다. 내 침대 위에도 있는 책이다. 이제 『바다의 가장자리』는 자동차 뒷좌석에서 그 책을 발견한 날의 기억과 합해졌다. 그날 느낀 햇살의 열기, 밀물과 썰물의 흐름, 따개비, 해초들, 성산 일출봉에 오르던 긴 머리의 중국인 관광객이 입은 원피스의 하얀색, 한라봉 주스의 오렌지색과 함께 떠오른다. 이렇게 책은 지극히 사적인 영역으로 들어선다. 책은 내 사적인 삶과 너무 섞여 있어서 이제 책을 통하지 않고는 나를 말하기가 불가능하다.

이 작가들의 흔적이 묻어 있다

특별히 많이 얽혀 있는 작가들이 있다. 내가 맨 처음 빠져든 작가이면서 거울을 볼 때마다 숱하게 생각나는 밀란 쿤데라. 권태와 불만족을 해결하는 방법, 진부함과 어리석음과 열정에 대한 내 생각을 영영 바꿔버리고, 내 미소에 영향을 미친 『마담 보바리』의 플로베르. 연민과 사랑 가득한 저항과 연대에 대해 알려준 존 버거. 시간과 에너지를 쓰는 방법을 찾게 해주고 '이것이 내 할 일이야' 내 자리와 힘과 가능성을 발견하게 해준 『보이지 않는 도시들』의 이탈로 칼비노. 정체성에 대해 생각하게 만든 에이드리언 리치. 새벽까지 잠 못 들고 서성이게 만든 『나를 보내지 마』의 가즈오 이시구로. '내가 모르던 세계를 알게 되는 것이 기쁜 일이구나!' 깨닫게 해준 레이첼 카슨. 그리고 우리가 힘들어진 것은 우리가 유한해서도 아니고 죽을 운명이라서도 아니고 자기 자신이 되지 못해서도 아니고 오로지 자기 자신밖에 생각하지 않아서, 그 결과 생긴 공허와 외로움조차 말할 줄 몰라서라는 사실을 알려준, '너 자신이 되어라!'라는 우리 시대의 명제를 다시 한번 생각하게 만든 리처드 플래너건. 그리고 플래너건처럼 우리 시대의 비극은 자신 외에 누구도 사랑하지 않고 죽을 수 있는 가능성이라고 알려준 데이비드 포스터 월리스.

내 인생 이야기에는 이 작가들의 말과 생각을 곱씹어보던
날들이 있다. 내 인생 이야기는 이 작가들과 함께
시작되었을 것이다. 이 작가들이 내 인생에 이야기의 씨앗을
뿌린 것은 분명하다. 나의 사소한 몸짓, 미소, 거울을 보는
동작, 시선, 목소리, 서글픔, 분투, 성취감, 선택의 순간들에
이 작가들의 흔적이 묻어 있다. 이 작가들이 나를 자아
바깥으로 빠져나와 다른 세계로 조금씩 들어가게 했다. 원래
가던 길을 약간 벗어나 걸어본 샛길들, 오솔길들이 너무
좋았다. 쉽게 현실에 지배당할 수 있었던 사람이 가능성,
자유와 독립, 해방, 저항, 진실, 아름다움이라는 말의 진짜
의미를 알고 싶어 하게 되었다. 그리고 그런 말을 내 삶에서
써보고 싶어졌다.

당신을 움직이는 힘은 무엇입니까?
이 작가들에게는 공통점이 있다. 그들은 우리의 행동 속에,
우리가 발산하는 에너지 아래, 가면 뒤에 숨겨진 힘—내적인
힘도 있고 사회적인 힘도 있다—을 파악하는 데 열정을
기울였다. 그들은 인간을 움직이는 힘, 내적인 추진력,
우리 삶이 중심축 삼아 빙빙 도는 핵심, 앞으로 나아가게
혹은 나아가지 못하게 하는 지배적인 그 어떤 것, 이를테면

행동과 선택의 패턴 같은 것을 예리하게 파악했다. 그리고 인간 존재의 가능성을 글로 표현했다.

가능성이라고 해서 꼭 좋은 것만은 아니다. 혐오할 가능성, 어리석게 살 가능성, 순종만 하고 살다가 결국 삶을 잃어버릴 가능성. 진부하게 문제를 해결할 가능성, 자신이 만든 이미지에 취해 살 가능성, 사회적 압력에 깔릴 가능성, 남들의 시선을 벗어나지 못할 가능성, 두려움에 사로잡혀 있지만 아무것도 바꾸지 않을 가능성. 지금 사는 삶 외의 다른 삶에 대해서는 생각하지 않을 가능성. 이 작가들은 이런 것들을 눈부시게 보여줘서 '저건 바로 내 모습인데……' 허둥지둥 나를 돌아보게 만들었다.

    물론 좋은 가능성이 더 많다. 레이첼 카슨이 꿈꾼 '경이로움'에 이끌리는 삶은 내가 요새 늘 생각하는 주제 중 하나다. "어쨌든 레이첼 카슨은 자기가 사랑하는 것들을 구했잖아." 이렇게 말할 때마다 슬프면서도 결연한 뭔가가 가슴속 어디선가 올라온다. 말을 하는 동안에도 느껴지는 것이 있다. 카슨이 부럽고 카슨처럼 어떤 이야기—생명을 구하는 이야기—가 시작되게 하고 싶다는 생각을 하면서도 '그런 일을 내가 할 수는 없겠지' 체념하며 슬퍼하고 그러다가 또 떨쳐 일어나는 '나'가 내 안에 있다. 에이드리언 리치도 인간을 움직이는 힘을 연구했다. 그리고 다른 많은 작가들처럼 우리가 자신의 진짜 힘과 진짜 이야기를 찾기를, 언제나 싱싱한 삶을 살 수 있는 창조적이고 새로운 자아를 찾기를 바랐다. 이 작가들이 글을 그렇게 쓴 덕분에 나에게는 질문이 생겼다. "당신을 움직이는 힘은 무엇입니까?"

나는 아주 오래전부터 누구를 만나든 물어봤다. 정말 알고 싶었다. 그리고 나 자신에게도 늘 되뇌었다. '너 자신을 움직이는 힘을 알라.' 그것을 알면 무엇이 내 인생 이야기를 끌고 가는지 알 것만 같았다.

결국 내가 이들에게 배운 것은 '이야기하는 방법'이었다는 생각이 든다. 우리의 이야기는 입 밖으로 꺼내든, 속으로 하든 아침에 눈을 뜨자마자 시작된다.

> "왜 꼭 뭐든 나쁜 일이 생기면 내가 잘못한 것 같지? 왜 이렇게 죄책감에 익숙해졌지? 오늘 내가 해야 할 가장 중요한 일은 다 잊고 하루를 누리는 것뿐이야."
>
> "여름이 다 가는데 바다를 한 번도 보지 못하고 일만 하는 게 말이 되는 거야?"

"일어나기 싫어. 하지만 나에겐 돌봐야 할 가족이 있어. 아직 누군가에게 힘이 될 수 있다는 것은 행복한 일이야."

"내 안경 어디 갔지? 예전에는 필요도 없었는데."

"어제는 모두들 스포츠에 대해, 돈에 대해, 아파트에 대해, 배우에 대해 이야기했어. 그게 왜 그렇게 외롭게 들렸던 걸까? 모두 외로움에 대해 이야기하는 것 같았어."

"어제 또 심하게 다퉜지만 사랑이 인생을 망칠 거라는 생각까지는 하지 말아야겠지."

인간은 이야기하는 동물이다. 이야기를 하면서 이야기를 들으면서 이야기를 나누면서, 이야기를 통해 어디론가 가고 무엇인가가 되어가는 동물이다. 나는 이 작가들이 무엇인가를 이야기하는 방식에 충격을 받았다. 어리석음은 이렇게 이야기하는 거구나. 진부함은 이렇게 이야기하는 거구나. 기만은 이렇게 이야기하는 거구나. 외로움은 이렇게 이야기하는 거구나. 아슬아슬 위태로운 정신 상태는 이렇게 이야기하는 거구나. 작가들이 하는 일은 무엇이 이야기할 가치가 있을 만큼 중요한지 결정하고 그것을 이야기하는 자기만의 방식을 발견하는 것이다. 그리고 그 일이라면 이야기하는 동물, (인간은 자신의 이야기를 한다는 점에서) 자서전적인 동물인 나에게도 정말 필요한 것이었다.

 우리 인생에는 어떤 일이 일어나거나 일어나지 않는다. 진짜 중요한 것은 그것을 어떻게 이야기할 것인가, 이야기하는 방법을 찾는 것이다. 이야기하는 방식이 바뀌면 삶도 바뀐다. '삶은 삶에 관련된 모든 것을 이야기하는 방식이다.' '삶은 삶에 대한 이야기다.' '삶에 관한 이야기가 없다면 삶도 없다.' 이것은 내 생각이면서 또 많은 작가들의 생각이기도 하다. 이야기하는 동물로서 우리가 할 일은 자신의 이야기를 찾는 것, 우리의 이야기를 남이 대신하게 하지 않는 것, 우리의 가장 멋진 점을 이야기할 방법을 찾는 것이다.

페르세우스가 나를 구하러 온다
앞에서 언급한 작가 중에 비교적 최근에 세상을 떠난 존 버거, 에이드리언 리치, 밀란 쿤데라에게는 내 나름의 예를 갖춰 작별 인사를 했고 글로도 남겼다. 그런 하루가 내 인생에 있었다. 그들이 내 삶에서 얼마나 소중하고 큰 비중을 차지하는지를 쓰면서 더 느꼈다.

존, 에이드리언, 밀란, 당신들을 알게 되어서 좋았어요. 당신들을 읽으면서 책을 읽은 것이 아니라 책을 경험한다는 말을 알게 되었어요. 책은 자기 확신에서 빠져나오는 경험이라는 것도 알게 되었어요. 책은 무엇을 해야 하고 하지 말아야 할지 상상해보게 만드는 마음속 장소라는 것도 알게 되었어요. 당신들 덕분에 내 삶이라는 책을 몇 번이고 다시 읽어볼 수 있었어요. 삶을 온전하게 경험하려면 삶이라는 텍스트를 다시 읽어야 한다는 것도 알았어요. 책과 삶의 연결이 기쁨이라는 것도 알게 되었어요. 정말 묵직한 기쁨이에요. 당신들을 몰랐다면 지금의 나는 없었을 거예요. 나는 다른 사람이었을 거예요. 어떤 의미로는 당신들이 나에게 생명과 형태와 이야기를 줬어요. 고마워요.

그렇다고 내가 늘 잘해내는 것은 아니다. 매일매일 세상을 사랑하고 싶지만, 삶을 사랑하고 싶지만, 세상에 사랑할 것도 많지만, 세상을 사랑하는 법도 배웠지만, 하루하루를 소중하게 보내고 싶지만 그렇다고 매일 아침 황홀하게 눈을 뜨지는 못한다. 병이라도 걸리면, 다치기라도 하면, 가족 중 누군가 아프면, 고민이 생기면…… 딱 내 몸과 가족

생각 외에는 하지 못한다. 그럴 때는 가슴에 납덩이가
있는 것처럼 무거워진다. 짓눌린다. 짜증이 많아지고
속이 좁아지고 매사에 시들해지고 두려움에 사로잡히고
불안정해지는 나 자신이 불만족스럽다. 그렇지만 불완전한
인간으로서나마 최선을 다하기는 해야 한다. 마치 이
시에서처럼.

>[…]
>말하자면,
>　　　꽃 한 송이가
>　　　　　공격 앞에서 믿기 어려운
>회복력으로 일어서듯이!
>　　　그걸 가만 놔두면
>　　　　　한 그루 꽃나무로 자라날 거야.
>나 자신에 대해서도 그렇게 생각할 수 있으면 좋겠네
>　　　그것이
>　　　　　내가 되어가는 것이니.
>[…][1]

그러려면 내 생각 말고 뭔가 조금 다른 것이 있어야 한다.
다행히 우리 독자들은 책에게 도움을 요청할 수 있다.

도움은 책 속 한 문장으로 충분할 때도 있다. 하나의 문장이 또 나를 다른 우주로, 다른 관점과 생각이 있는, 다른 기쁨과 발견이 있는 행성으로 데려갈 수 있다.

내 책상 컴퓨터 옆에는 『이탈로 칼비노의 문학 강의』가 있다. 칼비노는 하버드대학 문학 강연을 앞두고 글쓰기에서 중요한 몇 개의 키워드를 준비하는데 그 첫 번째가 '가벼움'이다.

> 나는 이렇게 말하고 싶다. 내 작업의 대부분은 무거움을 제거하는 것이었다고. 나는 때로는 인간의 모습에서, 때로는 천체에서, 때로는 도시에서 무게를 제거하려 했다. 그리고 무엇보다도 이야기의 구조와 언어에서 무게를 제거하고 싶었다. [⋯] 아마도 당시 나는 무거움, 무기력함, 세상에 대한 불명료함만을 발견해가고 있었던 것 같다. 피할 방법을 찾지 못할 경우 곧바로 글쓰기에 달라붙는 성질의 것들이다. [⋯] 마치 누구도 메두사의 냉혹한 시선에서 도망칠 수 없는 것과 같았다.[2]

무거움을 피하기 위해 칼비노가 떠올린 것이 있다.

메두사의 머리를 벨 수 있는 영웅은 날개 달린 샌들을 신고 날아다닐 수 있는 페르세우스 한 사람뿐이다. […] 역사적 사건이나 개인사를 돌이켜 생각할 때마다 언제나 내 몸이 돌로 변하는 기분인데 그런 순간마다, 지금도 마찬가지인데, 페르세우스가 나를 구하러 온다. […] 페르세우스는 돌로 변하지 않고 메두사의 머리를 베기 위해 구름이나 바람처럼 아주 가벼운 것에 몸을 싣는다. […] 페르세우스는 새로운 전투에서 승리했고 검을 휘둘러 바다 괴물을 죽인 뒤 안드로메다를 구출했다. 그리고 이제 힘한 일을 하고 난 후 우리들 중 누구라도 당연히 하게 될 일을 하려 한다. 페르세우스는 손을 씻으러 간다. 이때 문제는 메두사의 머리를 어디에 내려놓느냐는 것이다. […] "거친 모래가 뱀의 머리에 닿지 않도록" 그는 나뭇잎을 깔아 땅을 푹신하게 만들고 그 위에 해초 줄기들을 올려놓은 다음, 얼굴이 아래로 향하도록 메두사의 머리를 내려놓았다. 내 생각으로는 기괴하고 무시무시하지만 어찌 보면 상처 입기 쉽고 허약한 존재에게 베푸는 페르세우스의 신선한 호의가 담긴 이런 행동보다 가벼움을 더 잘 표현해주는 것은 없는 듯하다. 바로 그 가벼움으로 인해 페르세우스는 영웅이 된다.[3]

나는 처음 이 글을 읽었을 때 "페르세우스가 나를
구하러 온다"는 말에 놀랐다. 세상에나, 무거움을 이렇게
이야기하다니. 그런 말은 처음 들어봤다. "페르세우스가
나를 구하러 온다"는 칼비노가 무거움에 짓눌리지 않도록,
더 무거워지지 않도록 현실에 끼워 넣은 것이고, 무거움과
가벼움을 '이야기하는 방법'으로 만들어낸 것이다.

우주를 탄생시킨 최초의 도약

칼비노는 경이롭고 환상적인 이미지로 움직임과 변화를
아주 잘 다룬 작가다.『우주 만화』같은 책은 어느 장을 읽든
기분 좋아지는 가볍고 경쾌한 움직임과 아직은 어른이
아닌, 어느 정도는 어린아이인 젊음의 미숙하고 순수한
목소리, 신비롭고 웃긴 에로스와 만나게 된다. 이 이미지들
중 몇 개는 내가『우주 만화』를 처음 읽은 지 10년이 지난
지금까지도 공기처럼 가볍게 내 주변을 떠돈다. 그중 하나는
커다란 도마 앞에서 팔을 걷어붙이고 밀가루 반죽을 하는
다정하고 몸집이 큰 부인의 이미지다.

우주는 너무 이상해서 별 이상한 일이 다 벌어진다. 인간이
있을 것 같지 않은 곳에 인간이 있다. 우주 탄생 전에 부인은

이렇게 말한다.

"애들아, 조금만 더 공간이 있다면 너희들에게 맛있는 스파게티를 만들어줄 텐데!"

바로 그 순간 우리는 공간을 상상하기 시작한다. 우선 밀가루와 올리브 오일이 잔뜩 묻은 그녀의 통통한 팔이 차지할 공간, 수북이 쌓인 밀가루와 계란들 위에서 출렁일 그녀의 가슴이 차지할 공간, 밀가루가 차지할 공간, 밀가루를 만들 밀, 밀을 기를 밭, 밭에 댈 물이 흘러나오는 산, 소스를 만들 고기를 줄 송아지들이 풀을 뜯는 풀밭, 태양이 밀을 익게 하는 햇살을 비춰줄 공간, 태양이 태어날 공간…….

이렇게 해서 공간은 무한히 커졌다. 우주를 탄생시킨 최초의 도약은 사랑의 말, "애들아, 조금만 더 공간이 있다면 너희들에게 맛있는 스파게티를 만들어줄 텐데!"였던 것이다. 정말이지 사랑이 모든 공간으로 뻗어나가는 것 같았다. 이 사랑의 말은 헤아릴 수 없이 많은 공간을 가볍게 통과하다가 내 몸에도 스며들었다. "애들아, 우리 칼국수 먹으러 가자!"(한국에 처음 번역된 『우주 만화』에서는 '스파게티'가 아니라 '칼국수'였다)라고 말할 때 칼비노의 우주 부인이 얼핏 떠오른다. 어쩌면 내가 할 수 있는 '사랑의 말'들도 우주 탄생에 버금가는 변화를 불러올지도 모를 일이다.

『우주 만화』에서는 다들 변화하는 중이다. 공룡도 달도 공간도 새도. '나 빼고 다 변화 중인 것 같아. 나만 똑같은 모습이잖아. 망신이야. 얼른 변화해야겠다.' 이런 마음이 그토록 가볍게 들게 할 수 있는 것은 세상에 칼비노 하나뿐이다. 칼비노는 가벼운 마음으로 시작했다가 무거워지기 일쑤인 나에게 꼭 필요한 작가였다. 그는 무거운 마음으로 시작해도 꼭 가볍고 자유로워진다. 이를테면 어둠 속에 있는데, 앗! 뭔가 다가오는 것 같은데, 어둠은 아닌 듯한데, 어둠밖에 다가올 것이 없는데, 주위가 온통 어둠이어야 하는데…… 아, 뭐지? 세상에, 빛이었다. 그러고는 태양이 탄생했다. 이런 식으로.

칼비노의 세계에서는 곧 눈부시게 번져나갈 변화를 암시하는 시작에 불과한 것들이 온 우주에 가득하다. 칼비노는 잊을 수 없는 가벼운 이미지와, 그 가벼움의 이미지들이 불러올 새로운 가능성을 너무 잘 그린 작가였다.
    이 '가벼움'은 왜 중요할까? 그야 물론 우리가 이야기를 필요로 하는 존재이기 때문이다. 칼비노의 가벼움은 새로운 이야기가, 새로운 변화가, 새로운 가능성이 '시작'되게 하는 데 필요한 것이다. 이 가벼움은 무거운 몸으로 일어서기 위해 필요한 것이고, 다시 앞으로 나아가기 위해, 깊어지기 위해 필요한 것이다. 어떤 경우에도 어떻게든 용기는 내야 한다.

어쨌든 나는 "페르세우스가 나를 구하러 온다"를 무거움(지구에는 우리 마음을 무겁게 하는 단어가 많다. 죽음, 암, 치매, 고독사, 외로움, 상실, 무관심, 차별, 갑질, 폭력, 해고, 폭염, 흉작, 빚, 파산, 실업, 이자, 손배가압류, 산불, 전쟁, 핵, 트럼프, 푸틴, 난민, 멸종, 지진, 기후위기······)을 이야기하는 방법으로 받아들였다.

> 인간의 왕국이 무거움의 형벌을 내게 선고한 것 같은 순간마다 나는 페르세우스처럼 다른 공간으로 날아가야 한다고 생각했다. […] 내가 말하고 싶은 것은, 접근 방법을 바꾸어야만 하고 다른 시각, 다른 논리, 다른 인식과 다른 검증 방법들로 세상을 바라보아야 한다는 것이다.[4]

다른 시각으로 보면 무거움은 가벼워지기 위해 필요한 것이다. 무거움에도 잠재력이 있다. 추醜에도 잠재력이 있다. 외로움에도 잠재력이 있다. 무거움은 가벼움을 꿈꾸게 하고, 추는 아름다움을 꿈꾸게 하고, 외로움은 다정함과 친밀감, 따뜻함을 꿈꾸게 한다. 무엇보다도 인간은 꿈꾸는 존재다. 고통은 위안을, 전쟁은 평화를, 적대감은 다정함을,

복잡함은 단순함을 꿈꾸게 한다.
"페르세우스가 나를 구하러 온다"를 이렇게 생각할 수도 있다. '무거울 때는 가볍게 하는 뭔가가 가슴속에 있어야 한다.' 다행히 지구에는 우리가 절대 내다 버려서는 안 되는 가벼움의 이미지들이 많다. 천 번은 넘게 본 눈부신 일몰, 제비들의 비행, V자 편대를 그리며 날아가는 기러기들의 날갯짓은 어떤가? 해질녘 갯벌에 물과 함께 들어오는 빛은 어떤가? 인간의 눈물과 연민, 용기와 사랑이 있는, 값으로는 도저히 그 가치를 헤아릴 수 없는 이야기들은 어떤가?

나에게는 가벼움의 이미지 하면 제일 먼저 떠오르는 이야기들이 몇 가지 있다. 그중 하나는 이렇다.

슬픔이 변신한 축구공
조금씩 더 외로워져서 집으로 돌아오던 사람이 있었다. 어렸을 때 그의 곁에는 부모가 없었다. 둘 중 한 사람은 세상을 떴고 다른 한 사람은 멀리 떠났다. 그를 맡아 기른 것은 할머니였다. 집에 돌아오면 그는 대체로 혼자였다.

멀지 않은 곳에 바다가 있었다. 그는 가끔 혼자서 바다를 보러 갔다. 바다의 잔물결은 찰랑찰랑 그에게 이런 이야기를 들려주었다. "너는 세상에 혼자뿐이구나. 그래도 잘 자라야 한다!" 그는 '나는 이다음에 어른이 되면 일찍 결혼해서 아이를 많이 낳을래!'라고 생각했다.

세월이 흘러 어른이 되자 그는 바닷가 마을을 떠났다. 결혼하고 싶은 사람을 만났고 세 살 터울의 두 아이를 낳았다. 아들과 딸이었다. 둘째가 태어날 무렵 직장을 잃었다.

  어느 날, 일자리를 알아보러 갔다가 집에 돌아온 그는 아내가 아이들을 두고 집을 나가버렸다는 것을 알게 되었다. 둘째가 돌이 되기 전이었다. 아이들도, 집도, 커튼과 비누마저도 빛바래고 쓸쓸해 보였다. 가까운 곳에 바다가 있으면 좋겠지만 바다는 없었다.

  그는 집 바깥으로 조금 걸어 나갔다. 도둑을 막기 위해 유리 조각을 박아 넣은 담벼락이 보였다. '유리 조각은 도둑이 아니라 내 마음 중심부에 박혀버렸어.' 그는 이미 수도 없이 한 일, 스스로를 위로하는 일부터 시작했다. '사람 사는 데는 온갖 일이 다 있다고 하지?'

젖먹이 아이 둘을 데리고 있는 아빠로서 일을 구하기는 쉽지 않았다. 삶이 영원히 이런 순간들로만 이루어지면 어쩌나 두려웠다. 울고 보채는 아이들에게 화가 났다. '내 가슴에 다른 말도 있는데 왜 아이들이 밉다는 말이 먼저 나오려고 할까?' 그때 도움의 손길이 왔다. 저소득층을 위한 재취업 프로그램. 희망의 말이었다.

그는 열심히 일을 배웠다. 그리고 동료들과 함께 가게를 열고 옷을 만드는 일을 시작했다. 시간이 얼마쯤 흐르니 그의 삶에 좋은 일이 생겼다. 아이들의 존재 자체가 힘과 기쁨이 되기 시작한 것이다. 둘째 아이는 특히 밝았다. 아이는 노래 부르고 춤추는 것과 장난을 좋아했다. 어지간한 일에는 기죽지 않았고 고민 상담이 취미였다. 그리고 아빠에게 다정했다.

> 전화를 보통 하루에 네다섯 통은 해요. 어떤 때는 수업 끝나고 쉬는 시간에도 전화를 하고. 기본적으로는 학교 끝나고 교문 나서는 순간부터 전화를 해요. 친구들하고 걸어오는 상태에서. 걔는 항상 자기 기분 좋을 때는 아부지라고 불러요. 아빠라고 안 하고. 아부지, 아부지. 친구들이 옆에 있어도 아부지. 옆에서 애들이 깔깔깔 웃는 소리가 들렸어요.

이런 행복은 그에게 정말 큰 의미를 갖는 것이었다. 아무도 나를 필요로 하지 않는다는 생각이 사라졌다. 고등학생이 되자 둘째 아이는 수학여행을 떠났다.

> 안개가 너무 많이 껴서 배가 출발을 못 하고 있다고, 잘못하면 12시쯤에 집에 갈 수도 있으니까 대문 잠그지 말고 있으라고 전화가 왔어요. "응, 알았어. 기다리고 있을게" 하고 전화를 끊었어요. 그런데 다시 문자가 왔어요. 8시 30~40분경에. "아빠 우리 출발해요 ㅋㅋㅋ." 저도 답장을 보냈죠. "조심하고 잘 다녀와라. 사랑한다."

아이가 탄 배는 세월호였다.

> 소식을 듣고 16일에 팽목항으로 내려갔다가 17일에 납품을 맞춰줘야 할 일이 있어서 안산에 급히 다시 올라왔어요. 큰애한테 거기 있으라고 하고요. 18일날 새벽 서너 시 사이에 진도에서 전화가 왔어요. 우리 애가 나왔다고요. 저는 안산에 있어서 제 눈으로 직접 볼 수가 없으니까 큰애한테 네가 확인 좀 하라고 했어요. 조금 기다리니까 우리 애한테 전화가 왔어요.

"아빠……."

우리 애가 그런 장면을 처음 봤을 것 아니에요. 걔도 살면서. 지 동생이 나왔다고 해서 갔는데. 울면서 그러는 거예요.

"아빠, 아무리 봐도 아닌 것 같은데 자꾸 선생님들이 맞다고 해. 내 생각엔 아닌 것 같은데 나도 지금 잘 모르겠어."

그러면서 계속 우는 거예요. 그래서 제가 담당자한테 다시 전화를 했죠.

우리 애가 맞다고 해서 안산서 기다리니까 앰뷸런스가 오더라고요. 앰뷸런스에서 내리는 순간부터 관을 붙들고 거의 한 시간 가까이 진짜 많이 울었어요. 부모들이라면 다 그랬겠죠. 제가 울음을 그치지 않으니까 누군가 이제 그만하시고 마지막으로 한 번 확인을 하라고 하더라고요. 병원으로 들어가서 지퍼백을 열었어요. 아, 여는 순간 딱 보니까 우리 딸이 아닌 거야. 그렇다면, 아, 아직도 살아 있겠구나. 아, 우리 딸은 아직 살아 있겠다……. 아직 살아 있다. 분명히 살아 있을 거다. 또 희망을 가졌죠.

그는 부리나케 다시 진도로 내려갔다.

    그때부터는 여자애들 나온다는 소식 있으면 무조건 가서 다 확인을 했어요. 22일 아침에 여자애들이 많이 나왔어요. 우리 딸이 거기 있었어요. 예, 똑같아요. 진짜 자는 모습. 자는 모습 그대로인 거예요. 단, 열 손가락이 새카맣게 멍이 들어 있는 거예요. 걔들이라고 죽고 싶었겠어요? 배 바닥이나 철판 같은 데, 벽면을……. 얼마나, 얼마나 살고 싶었겠어요. 그랬을 거라고 짐작이 가요. 상상이 되잖아요. 하고 싶지 않아도……. 그런 상상할 때마다 진짜…… 우리 부모들은 그게 제일 가슴 아파요.

그가 딸을 보내고 아침에 눈뜨면 제일 먼저 하는 일은 딸에게 가는 것이었다.

    매일 가서 만났어요. 가면 항상 제일 먼저 하는 게 노크하는 거예요. 사춘기 딸이니까. 똑똑똑. 아빠 왔다. 그리고 말 같지도 않게 들리겠지만, 딸은 작은 항아리 속에 있지만 아빠 체온을 느꼈으면 해서 손바닥으로 한 1분 정도 항아리를 만지고. 오늘은 눈이 온다, 오늘 엄청 춥다, 거기는 어떠냐, 여긴 어떻다, 그런 일상적인 얘기 조금 하다가……. 내일 보자, 잘 놀고 있어라, 친구들이랑, 내일 또 올게.

그는 참사 초기에 세월호 분향소를 지켰다.

부모님들이 몸이 안 아픈 데가 없었어요. 발가락부터 머리끝까지. 그래도 애를 그렇게 보냈는데 내가 고작 이 정도 아파서 어떻게 병원에 갈 수 있겠냐, 이러면서 병원에 가지 않았어요. 다들 지치고 약해져가는 게 보였어요. 그래서 어느 날 무심코 이런 말을 했어요.
"야, 그냥 공 한번 차자."
처음에는 공 찬 지 5분도 안됐는데 오바이트까지 하는 분이 있었어요. 그걸 보니까 정기적으로 축구를 하면 어떨까, 라는 생각이 들었어요. 우리가 진실 규명 일을 오래 하려면 건강을 회복해야 한다는 생각도 들었고 그 외에 또 다른 목적이 있었어요. 그동안 우리를 도와주신 분들이 많이 계시잖아요. 그런 분들에게 가서 인사드리고 고맙다는 표시도 해야 되는데 왜 굳이 말로만 해야 하냐, 몸으로 충분히 알릴 수도 있겠다, 라는 생각이 든 거예요. 그래서 우리는 몸으로 하는 간담회가 어떠냐고 제안을 했어요. 우리를 많이 도와준 진도도 찾다 보니깐 우연찮게 축구 하는 분들이 계시더라고요.

"잘됐다. 우리하고 맞다. 가자."

그래서 진도에 내려갔어요. 원정을 갔죠.

결과는 세월호 축구단의 대패배였다.

그분들이 워낙 잘하시더라고요. 알고 보니 지역에서 유명한 팀이었어요.

축구를 하다 보니 자꾸 다른 사람 생각이 났다.

활동을 전혀 하지 않고 혼자 계신 부모들이 있어요. 어디서 어떻게 사는지 전혀 알 수 없는 분들이 있어요. 나는 결혼하기 전, 결혼하고 나서도 그랬지만 그런 느낌 되게 많이 받았거든요. 나 혼자라는 느낌. 내팽개쳐진 느낌. 그런 생각을 하는 분들을 될 수 있으면 끌어내자! 하루라도 한순간이라도 웃을 수 있게 하자. 그런 목적이 생겼어요.

내가 그를 만났을 때까지 세월호 축구단은 이긴 적이 없었다. 항상 졌고 최고 성적은 비긴 것이었다.

"일부러 지는 거예요?"
"뭔 소리 하는 거예요. 지려고 축구 하는 사람이 어딨대요?"

그는 이 이야기를 할 때 정말 많이 울었다. 그러나 "지려고 축구 하는 사람이 어딨대요?"라고 말할 때 울음기가 싹 걷히고 고개를 빳빳이 들고 갑자기 씩씩해졌다. 그 음색의 변화가 지금도 생생하다.

누구도 슬픔만으로 살아갈 수 없다. 그에게 축구는 끝까지 살아내기 위해 필요한 것이었다. 그 와중에도 자신처럼 혼자일 사람을 생각하고 그 사람이 혼자서 슬퍼할까 걱정했다는 것이 놀랍다. 그 와중에도 사랑을 펼쳐 보이는 것은 놀라운 일인가? 우리도 할 수 있는 일인가?

영원히 낡지 않는 오래된 이야기
우리에게는 살아온 삶 때문에 더 잘 보이는 것들이 있다. 그의 눈에는 사랑과 배려를 받아야 하지만 절망감에

숨어버리는 사람, 사라지고 싶어 하는 사람이 잘 보였을
것이다. 그도 『돈키호테』를 쓸 때의 세르반테스처럼 누가
웃음이 필요한지 알고 있었다. 축구장에서 그는 누구보다도
큰 소리로 응원을 했다. 활짝 웃어서 다른 사람에게 힘을
주려고 했을 것이다. 큰 소리로 이름을 불러서 다른 사람의
가슴에 따스함을 불어넣으려 했을 것이다. 그가 다른 사람의
마음에 불어넣고 싶었던 것은 함께 있음의 느낌이었을
것이다. 그가 평생 원하고 결국 얻었던 것, 그러나 잃은 것,
이제 다시 찾아야 하는 것이었다.

축구공을 차는 그 한순간에 평생의 외로움과 평생의 사랑이
녹아 있다. 축구장에서 그의 밝음은 다른 사람의 밝음이
되었다. 온기와 친밀감이 있는 작고 반짝이는 순간을 원했던
그는 축구장에서 얼핏 그것을 보았다. 축구장에서 그는 잠시
슬픔에서 해방되었다. 마치 미야자와 겐지의 시 같다.

　[…]
　이제 더 이상 외롭지 않다
　외롭지 않다고 아무리 말해본들
　다시 외로워질 것은 불을 보듯 뻔한 일
　하지만 지금은 이것으로 됐다

모든 외로움과 비통함을 불태워
사랑은 투명한 궤도를 나아간다
[…]5

이것은 오래전 이야기다. 그러나 누군가 다른 사람에게 힘을 주려고 힘을 냈다는 것, 웃으면서 다른 사람을 웃게 하려고 했다는 것, 누구에게 무엇이 필요한지 알아봤고 그것을 주고 싶어 했다는 것, 다른 사람을 보호하려고 하면서 자신도 보호했다는 것, 세상이 아무리 무거워도 누군가는 사랑의 손길을 더하고 있다는 것, 그 사실은 영원히 낡지 않는다. 그 사실이 내 마음을 덜 무겁게 한다. 누군가는 세상의 무게를 덜고 있는 것이다. 그의 무거움 속에 가벼움이, 가벼움 속에 무거움이 있다.

나는 이 사람을 자주 생각한다. 축구공을 굴리며 달려오는 한 사람의 이미지를, 슬픔이 변신해서 생긴 축구공을.

그에게는 축구공이 페르세우스였을 것이다. 축구공은 그가 누구인지 잘 알았을 것이다. 축구공은 그가 찾아낸 자신의 삶을—슬픔과 외로움과 상실이 가득한 삶을—이야기하는 방법이다. 그는 삶을 가볍게 하는 최고의 것을 만들었다. 그러니까 기쁨을.

나도 하나 만들었다. 삶을 가볍게 하는 주문 하나를.
"페르세우스가 나를 구하러 온다"와 같은 주문을. 이것은
마음을 가볍게 하는 주문이면서 기도면서 소원이고 마음의
자세, 내 사랑의 말, 앞으로 올 내 인생을 이야기하는
방법 같다. 좋아하는 삶을 살 방법은 그것에 대해 자꾸
이야기하는 것밖에 없다. 이 주문은 나를 꼭 릴케의
시구처럼 만들어준다. "베개에 얼굴을 파묻지 말고 별을
보고 울어라."

 주문은 길 때도 있고 짧을 때도 있지만 기본 형태는
이렇다. 몇 번이고 다시 경험하고 싶은 가벼운 이미지의
순간들, 빛나는 순간들을 모아 만든 것이다.

마음을 가볍게 하는 주문

 내 시간과 에너지가
 철새의 날갯짓이 되고
 돌고래의 도약이 되고
 슬픈 사람의 용기가 되고
 아름다운 사람의 미소가 되고
 그렇게 세상의 아름다운 것들 속에
 사랑스러운 것들 속에

나의 일부분이 머물 수 있기를

내 마음이 가벼워지는 것은 이 방법뿐이다. 나 자신과 사랑하는 사람들과 강과 바다와 갯벌과 숲과 새들을 위해……. 나의 인생 이야기가 이 문장들 안에 있기를.

우리 함께 어둠을

두 번은 없다

- 비스와바 쉼보르스카

  두 번은 없다. 지금도 그렇고
앞으로도 그럴 것이다. 그러므로 우리는
아무런 연습 없이 태어나서
아무런 훈련 없이 죽는다.

  우리가, 세상이란 이름의 학교에서
가장 바보 같은 학생일지라도
여름에도 겨울에도
낙제란 없는 법.

  반복되는 하루는 단 한 번도 없다.
두 번의 똑같은 밤도 없고,
두 번의 한결같은 입맞춤도 없고,

두 번의 동일한 눈빛도 없다.

어제, 누군가 내 곁에서
네 이름을 큰 소리로 불렀을 때,
내겐 마치 열린 창문으로
한 송이 장미꽃이 떨어져 내리는 것 같았다.

오늘, 우리가 이렇게 함께 있을 때,
난 벽을 향해 얼굴을 돌려버렸다.
장미? 장미가 어떤 모양이더라?
꽃인가, 돌인가?

야속한 시간, 무엇 때문에 너는
쓸데없는 두려움을 자아내는가?
너는 존재한다―그러므로 사라질 것이다
너는 사라진다―그러므로 아름답다

미소 짓고, 어깨동무하며
우리 함께 일치점을 찾아보자.
비록 우리가 두 개의 투명한 물방울처럼
서로 다를지라도……[1]

나는 언제부터인가 나를 '책과 자연을 사랑하는 라디오 피디'로 생각하고 그렇게 말하고 있다. 몇 년 전에 처음 나를 말하는 이 방법을 생각해내고는 정말 기뻤다. '나' 자신을 학벌도 아니고 이력도 아니고 혈액형이나 별자리나 MBTI도 아니고 내가 무엇을 사랑하는지로 설명할 수 있다니. 이 생각을 한 날, 밤잠을 설칠 만큼 설렜다. '그래, 쭉 이렇게 살아야지! 계속 가보자!' 그런 생각이 절로 들었다.

누구랑 같이 있든 "저는 책과 자연을 사랑하는 사람"이라고 말하는 순간 에너지가 달라진다. 그 직전까지 어떤 쓸데없는 생각을 하고 있던지와 상관없이 사랑과 기쁨이, 많은 빛나는 문장과 기억들이 가슴 밑바닥에서부터 올라온다. 내가 사랑하는 것에 걸맞은 사람으로 말하고 싶어진다. 나의 모든 '나' 중에서 '책과 자연을 사랑하는 나'가 나를 가장 돌아보게 하고 자극하고 분발하게 하고 앞으로 나아가게 한다.

나는 무엇을 사랑하는가

책, 자연, 라디오 피디. 이 단어들에는 공통점이 있다. 모두 나 자신을 잊어버리고 사라지게 만드는 순간을 만나게 한다. 나는 감탄할 때, 깨닫는 바가 있을 때, 마음속에

일깨워지는 것이 있을 때, 아름다운 것을 볼 때 사라진다.
나는 이렇게 무아지경이 되는 순간을 아주 좋아한다. 그런
순간을 만나려고 책을 읽고 여행을 다니고 질문하고 배우는
것인지도 모르겠다. 내 자아 '바깥에서' 나는 곧 내가 읽은
것이고 내가 본 것이고 내가 감탄한 것이다. 내가 사랑하는
눈으로 바라본 것이다. 그것이 곧 나다. 책과 자연은 나에게
그런 순간들을 숱하게 제공했다. 그런 순간들이 삶에 있었던
덕분에 정신없이 사는 와중에도 꿈꾸는 것처럼 살 수
있었다.

 '너 자신의 삶을 살라', '너 자신의 목소리를 내라', 나는
소위 말하는 삶의 '주체'가 되는 문제 역시 '나는 무엇을
사랑하는가?'로 해결해버렸다. 여기에 딱 하나 '로서' 라는
단어만 붙이면 의미가 더 명백해진다.

나는 책과 자연을 사랑하는 사람으'로서' 세상을 본다. 그런
사람으'로서' 가족을 사랑한다. 그런 사람으'로서' 친구를
사랑하고 그런 사람으'로서' 세상과 관계를 맺는다. 그런
사람으'로서' 말하고 행동한다. 그런 사람으'로서' 시간과
에너지를 쓴다. 나에게 '로서'는 내가 세상과 맺는 관계를
파악하게 해주는 열쇠 말이다. 또 다른 사람들은 주로
누구'로서' 세상과 관계를 맺고 말하고 행동하는지 관찰하게

하는 말이기도 하다.

한 사람에게도 생애 주기별로 혹은 상황에 따라, 하고 있는 일에 따라 수많은 '로서'가 있다. 사춘기 딸'로서', 사춘기 아들을 기르는 엄마'로서', 하루하루 어떻게 사는지 몰라도 오래 살고 싶어 하는 사람으'로서', 나이 들어가는 외로움을 느끼는 사람으'로서', 때로는 죽음을 생각하는 사람으'로서', 때로는 우울에서 달아나야 하는 사람으'로서', 품위 있게 뭔가를 견디고 싶어 하는 사람으'로서'…….

세상과 관계 맺게 하는 여러 '로서'가 있지만 그중에 가장 좋은 에너지를 내게 하는, 힘을 뺏는 자아들을 초월하게 만드는 '로서'를 찾을 수 있다면 좋을 것이다. 올가 토카르추크가 『다정한 서술자』라는 책을 통해서 하고 싶었던 말, 자신의 경계를 뛰어넘어, 세상과 소통하는 에너지를 내게 하는 '다정한 서술자'를 찾으라는 말이 내가 지금 하려는 말과 비슷한 맥락이 아닐까 싶다.

신비의 가장자리에서 메모하고 그림을 그리는 사람
그렇지만 '책과 자연을 사랑하는 사람'이라는 나의 이상적인 자아에는 제법 큰 약점이 있다. 자연을 사랑하기는 하는데, 많이 사랑하는데, 자연을 너무 모른다. 몰라도 너무 모른다.

자연을 사랑하면서 나는 내적으로 큰 변화를 겪었다. 나는 '보여지기'보다는 '보는 것'을 훨씬 좋아하는 사람으로 변했다. 그런데도 모른다. 물론 몰라도 사랑할 수는 있다. 항상 기억하는 페소아의 시 한 구절이 있다. "너와 함께 있으면 강을 더 잘 볼 수 있지." 나에게는 그런 책과 그런 사람이 아주 필요했다. 다행히 세상에는 '더 잘 보게' 해주는 작가들이 많았다. 그중 한 명이 배리 로페즈다.

배리 로페즈는 자연이라는 거대한 책을 읽는 데 능숙한 사람이었다. 그가 생각한 자신의 정체성은 이것이다. '신비의 가장자리에서 메모하고 그림을 그리는 사람.' '신비'와 '가장자리', 그에게 둘 다 중요한 단어다.

   그는 어린 시절부터 빛을 좋아했다. 빛이 하는 일, 즉 주위의 모든 것을 아름답게 만든다는 점 때문이었다. 그는 늘 빛을 유심히 바라보았고 빛이 바꾸는 세상을 관찰했다. 그는 빛이 있다는 이유만으로도 세상은 참 신비로운 곳이라고 생각했다. 그는 세상의 모든 생명은 빛이 있어서 상처 밖으로 나올 수 있다는 것을 아주 어려서부터 알았다.

   그는 다른 어떤 일보다, 신비를 '직접' 느껴보는 데 시간과 에너지를 많이 썼다. 신비의 가장자리에서 메모하고 그림을 그리는 사람으'로서' 배리 로페즈는 세상의 수많은 가장자리

장소들에 갔다.

  '가장자리'라는 단어는 특별히 중요하다. 가장자리는 다른 이야기가 중요하게 여겨지는 곳이다. 가장자리로 떠난 사람은 중심을 떠나 그 너머 바깥에서 벌어지는 일들에 영향을 받는다. 가장자리는 세상의 중심부에 있는 사람들이 보지도 묻지도 못하는 질문을 던질 수 있다. 즉, '전체'로서의 우리는 어디로 가고 있는가? 올바른 길을 가고 있는가? 우리 다 같이 길을 잃은 것은 아닌가?

신비의 가장자리에서 온 이야기

그의 유작 『호라이즌』은 태평양, 갈라파고스, 남극, 호주, 아프리카까지 그의 여행 기록을 담은 책으로, 가장자리의 네트워크 같은 책이다. 그가 여행을 하는 방법은 간단하다. 궁금한 것이 있으면 직접 간다. 대체로 그 장소를 가장 잘 아는 경험 많고 믿을 만한 사람에게 존중에 존중을 표하면서 경탄하면서 배우고 여행한다. 그는 한 사람의 지혜는 잘 고른 동행에게서 드러난다고 생각했다. 그리고 존중과 경탄이야말로 많은 것을 내어주게 만든다는 것을 알고 있다.

  그가 무의미와 피로가 아니라 경이와 감사, 기쁨으로

에워싸이는 상태가 된다. 그리고 돌아온다. 맨손으로 돌아오지는 않는다. 길을 떠날 용기를 가진 사람만이 얻을 수 있는 보물—이야기와 질문을 잔뜩 가지고 온다. "수평선을 바라보며 바다를 거닐다"라는 한 문장 안에 그만큼 많은 이야기를 담을 수 있는 사람이 또 있을까 싶다. 이를테면 이런 이야기.

엷은울음참매와 뷰티웨이

1987년 남반구의 가을에 그는 몇 사람과 함께 나미비아를 여행했다. 그리고 남하하여 남아프리카공화국 칼라하리 겜스복 국립공원으로 갔다.

> 어느 아침 나는 거기서 죽은 나무 꼭대기에 앉아 있는 엷은울음참매 한 마리를 발견했다. 이 맹금류는 파충류와 작은 포유류뿐 아니라 다른 새들도 사냥한다. […] 내가 다가가는 동안 새는 계속 내게 등을 보이고 있었다. 나는 이 새가 자기 앞의 광활하게 펼쳐진 사바나를 맹렬히 응시하며 급습하여 낚아챌 먹잇감을 찾고 있다고 상상했다. 내가 점점 가까이 다가가자 새는 머리를 돌려 나를 내려다보았다. 새의 오른쪽

> 눈알은 뽑혀나가고 없었고, 눈구멍 가장자리 깃털에는
> 피가 엉겨 붙어 있었다.
> 참매는 나를 무시하고 다시 머리를 돌려 사바나를
> 살폈다.
> 포기하고 싶은 마음이 들 때면 나는 그 새를
> 생각한다. 세상에는 그렇게 심한 상처를 입고도 여전히
> 사냥하고 있는 새들이 얼마나 많을까?[2]

서서히 고개를 돌려 낯선 인간을 바라보는 엷은울음참매 이미지가 너무나 선명하다. 역시 신비의 가장자리에서 온 이야기답다. 엷은울음참매 이야기는 내 마음속 사전의 '용기' 항목에 들어가면 좋을 것 같다.

배리 로페즈는 바로 이 엷은울음참매 같은 이야기를 많이 들려주고 싶어 했다. 한 번도 관심 갖지 않았던 것을 새롭게 사랑하게 되는 이야기, 읽기 전에는 알지도 못했던 것들의 친구가 되고 싶게 만드는 이야기를 많이 들려주고 싶어 했다.
이것은 그가 걸었던 긴 여정의 속성이기도 하다. 그는 인생의 매 순간을 좋은 것으로 만드는 법을 알고 있었다. 우리는 다른 존재와 뒤섞이면서, 얽히면서 다른 존재가 되고 다른 순간, 다른 삶을 산다. 만약 우리가 이 엷은울음참매와

제대로 '관계'를 맺을 수만 있다면, 엷은울음참매는 우리와 여정을 함께할 것이고 여기서 장차 많은 이야기가 솟아날 것이다.

신비의 가장자리에서 온 또 다른 이야기도 있다.
    나바호 인디언들에게는 '뷰티웨이'라는 의식이 있다. 노래하는 사람이라 불리는 주술사가 며칠에 걸쳐 '환자'의 집에서 환자의 가족이 지켜보는 가운데 환자에게 노래를 불러준다. '환자'는 나빠진 상태에 있는 사람을 말한다. 나바호 사람들은 이런 나빠진 상태를 누구에게나 나타나는 정상적인 상태로 본다.
    노래하는 사람의 의도는 노래를 듣는 환자를 다시 아름다움의 상태―주변의 자연과 조화를 이루는 상태―로 되돌려놓는 것이다. 이렇게 한 사람을 아름다움의 상태로 되돌려놓는 것을 '뷰티웨이' 의식이라 부른다. 이 의식을 치르는 사람은 재생의 과정에 들어가게 된다. 한 사람이 아름다움의 상태로 되돌아가는 것은 그 한 사람에게만 의미 있는 것이 아니다. 그 결과 "주변 모든 상태가 축복을 받거나 아름답게 된다".

'한 사람을 아름다움의 상태로 되돌려놓다.' 나는 이 문장을 처음 읽을 때부터 좋아했다. 에이드리언 리치는 우리가 어떤 문장에 끌린다면 그것은 그 문장이 "나를 표현해줘서가 아니라, 나의 소망과 요구를 떠올리게 했기 때문"이라고 했다. 나에게는 '뷰티웨이'도 그런 단어 중 하나다. 우리의 많은 순간이, 시련이, 갈등이, 혼란이, 삶이 아름다움으로 되돌아가는 그 여정에 함께하고 싶다.

  아름다움으로 끝날 이야기를 듣고 있으면 더 이상 할 일이 없다는 무력감이 들지 않는다. 덧없다는 느낌이 들지 않는다. 뷰티웨이 의식은 복잡한 개념이지만 그것을 경험하는 것은 드문 일이 아니다. 우리는 바닷가를 걷는 것만으로도, 갈매기가 나는 하늘을 열심히 바라보며 "오늘 하늘 참 이쁘다!" 말하는 것만으로도 주변과 조화를 이루고 있는 듯한 느낌을 받을 수 있다. 주위의 것들과 함께 아름다워진다. 참 좋은 순간이다.

탤리즈먼

여행자 배리 로페즈가 이야기와 질문만 가지고 온 것은 아니다. 많은 여행자들처럼 기념품도 들고 왔다. 그 기념품들을 부르는 이름이 있다. 탤리즈먼이다.

  '탤리즈먼'이라는 단어의 뜻은 "신비한 힘이 있는 일종의 부적"이다. 배리의 탤리즈먼들은 조개껍데기, 반려 돌멩이, 더 이상 사용하지 않는 포경 기지에서 가져온 탄피, 은제 작살촉, 호주에서 가져온 유칼립투스 열매 두 개 같은 것들이다. 각각의 탤리즈먼에게는 이야기와 진실이 있다. 개인적으로 가장 잊을 수 없는 것은 유칼립투스 열매 두 개에 얽힌 이야기다.

호주 태즈메이니아주 남동부 포인트푸어에는 일명 '자살 절벽'이 있다. 19세기 초 이곳에는 영국에서 이송된 죄수들을 수감하는 포트아서 교도소가 있었다. 포트아서 교도소는 사이코패스와 순하고 불운한 사람들을 무차별적으로 수용하였다. 포트아서에 수용된 소년들은 낮에는 벽장과 창고에서 성적 학대를 당하고 밤에는 참회와 육체노동을 강요하는 간수들에게 구타당하는 일상을 벗어나려는 절박한 마음에, 밤에 그 자살 절벽으로 가서 서로 손을 잡고 차가운 물속으로 뛰어내렸다. 유칼립투스 열매는 바로 그 절벽 아래에서 주워 온 것이다. 이 이야기는 우리의 인간적인 면을 가슴 아프게 건드린다. 배리 로페즈가 이 기념품들을 그냥 추억의 물건이 아니라 신비로운 힘을 가진 부적으로 여기는 이유는 뭘까?

> 내가 묘사한 기념품들은 [⋯] 수많은 역설과
> 비일관성으로 가득한 혼란한 세계와 나의 연결을
> 유지하기 위해 사용하는 일종의 전략이 된다. 나아가
> 그것들은 나에게 무엇보다 중요하고 근본적인 사안을,
> 요컨대 사랑할 수 있는 인간의 역량을 보존하는 일의
> 중요성을 잊지 않도록 이끌어준다.3

위 인용문에 나오는 "사랑할 수 있는 인간의 역량"이 그의 가장 핵심적인 생각 중 하나다.

평생 수없이 많은 곳을 여행하고 많은 이야기를 들은 배리 로페즈는 이런 질문을 한다. "우리 대부분이 찾고 있는 것은 뭘까?" 그의 대답은 이렇다. "사랑할 수 있는 우리의 능력을 표현할 기회!" 과연 그럴까? 정말 우리가 사랑의 능력을 표현할 기회를 찾고 있을까?

  쉽게 믿기지 않는다. 그러나 사랑했지만 떠나보낸 가족이 있는 사람들, 사랑했지만 죄책감과 후회가 남은 사람들, 사랑했지만 상실한 것이 있고 그것을 잊지 못하는 사람들, 상실이 되돌릴 수 없다는 것을 아는 사람들이라면 알 것이다. 모든 것은 사라지고 사랑만이 가슴에 남는다는 것을. 그것이 가슴에 깊이를 만든다는 것을. 이 깊이가

우리의 눈물, 눈빛, 얼굴, 악몽과 꿈, 삶의 모습, 이야기를 바꾼다는 것을. 언제나 우리 가슴속에 살아 있는 사랑하는 사람을 기쁘게 할 말을 찾지 못한다면, 그 얼굴을 떠올리며 미소를 짓지 못한다면 기억은 짐이 될 것이다.

어쨌든 배리는 한 사람을 볼 때 그의 주위에 사랑이 얼마나 풍요로운지를 본다. 배리 자신은 거의 무한하게 사랑할 수 있는 능력을 가지고 있었다. 그의 능력은 어디서 생겨난 것일까? 나는 그가 지평선(호라이즌) 건너편에서 우리를 봤기 때문이라고 생각한다. 그 건너편에서는 우리를 그냥 생명으로 본다. 다른 생명들처럼 여전히 진화 중인, 진화의 긴 어둠 속을, 불확실성을 통과 중인 생명. 그러나 앞으로 올 변화를 예상하고 바꿀 수 있는 힘과 그 힘에서 나오는 아름다움을 가진 생명.

   그는 이 탤리즈먼들이 각각의 아우라를 뿜어낼 수 있도록 장식장 위에 잘 진열해놓고 늘 대화를 한다. 이렇게 해서 평범한 집은 신전이 된다. 평범한 일상도 좀 더 신성한 것이 된다. 탤리즈먼은 방에 앉아서도 세계와 연결되게 돕는다.

촛대, 하얀 모자, 사막의 별

그의 말을 듣고 보니 나에게도 탤리즈먼이 있는 것 같다. 배리가 말한 것과 같은 역할을 해주는 물건들이 몇 개 있지만, 자꾸 보면서 자극을 받으면서도 그동안은 뭐라고 불러야 할지 이름을 몰랐다.

이를테면 책상 위에 있는 촛대는 콜럼바인 총기 사건이 난 미국의 덴버에서 가져온 것이다. 학교에서 총격이 시작되자 달려가 "애들아, 이쪽으로 가자" 외치며 아이들을 대피시키던 교사 데이브 샌더스는 등과 목에 총을 맞았다. 그는 쓰러져서도 팔꿈치로 몸을 버티면서 턱으로 아이들에게 출구를 가리켰다. 촛대를 볼 때마다 죽음마저도 선물로 만든 그의 행동이 생각난다. 이 촛대도 볼 때마다 무심코 어떤 생각인가를 불러일으켰는데 배리의 말을 따르면 "사랑할 수 있는 역량"을 키워줬던 것 같다.

최근에 더 집중해서 보는 탤리즈먼도 있다. 광부들의 하얀색 모자다. 광부들의 모자는 칠레의 아타카마 사막에서 가져온 것이다.

아타카마 사막이 널리 알려진 것은 2010년 대지진의 여파로 서른세 명의 구리 광산 광부들이 지하 7백 미터 땅 밑으로 매몰된 사고 때문이다. 광부들은 매몰 69일만에 전원 구조되었다. 그들은 지하에서 가장 오래 생존한 사람들로 기록되었고 대관절 물과 식량은 어떻게 구했으며 대체 어떻게 그렇게 오래 살아남았을까가 오랜 이야깃거리가 되었다. 광부들은 땅 밑에서 "오늘 밤 가장 슬픈 시를 쓸 수 있을 것 같습니다" 같은 파블로 네루다의 시를 외우며 버텼다는 것 때문에 멋쟁이들로 이야기되었다. 이 전설은 지상으로 올라오는 구출 순서를 정할 때 그들 모두 "내가 마지막까지 남겠다"고 했기 때문에 더 강렬해졌다. 내가 간 곳이 바로 그 이야기의 무대였다.

비가 오지 않는 사막 도시에는 후추나무가 자라고 있었다. 여행자들은 사막을 지나온 거센 바람이 호텔 창문을 두드리는 소리에 잠이 깰 수도 있다. 만약 여행자 하나가 잠을 이루지 못하고 스웨터를 걸치고 밤거리에 나선다면 인적이 드문 어두운 가로등 밑에서 외로운 섹스워커들이 검은 옷을 입고 바람에 떨고 있는 것을 볼 수도 있다. 내가 그때 만난 광부들은 모두 하얀 모자를 쓰고 있었다. 그리고 모두 네루다의 시를 알고 있었다. 광부들은 이구동성으로 자신들이 누구인지 진짜 알고 싶다면 사막의 별을 봐야 한다고 말했다.

나는 해가 뜨기 세 시간 전에 숙소를 출발해 사막을 향해 걸었다. 별이 어땠냐고? 입이 다물어지지 않았다. 마법에 걸린 세상 같았다. 그전까지 나는 경이로움을 몰랐던 것 같다. 환희를 몰랐던 것 같다. 별이 얼마나 많던지 또 얼마나 찬란하던지 어떻게 설명해도 부족하다. 별자리를 그으려면 우리는 무심코 별 옆의 별을 본다. 그런데 그곳에서는 별 뒤의 별이 보였다. 별 뒤에 별이 있고 별 뒤에도 또 별. 나는 맨눈으로 2차원의 세계가 아니라 3차원의 세계를 본 것이고 헤아리려야 헤아릴 수도 없는 깊이를, 무한을 얼핏 본 것이다.

우주는 정말 깊었다. 한 걸음 내디딜 때마다 새로운 별이 무더기로 나타났다. 내가 움직일 때마다 하늘이 변했다. 별똥별도 날카로운 소리를 내면서 수없이 떨어졌다. 나는 순수한 경이 때문에 거의 움직이지 못하고 얼어붙은 채 서 있었다. 나는 목이 꺾일 정도로 하늘을 올려다보면서 서서히 빙빙 돌았다. 가슴이 뜨거웠다. 터질 것 같았다.

아타카마 사막이 지구에서 가장 많은 별을 볼 수 있는 곳이라는 사실은 나중에 알았다. 남반구와 북반구의 별을 모두 볼 수 있다는 것도 나중에 알았다. 그날 그 하늘을 봤다면 가장 슬픈 사람조차 "내 슬픔은 찬란해!"라고 느꼈을 것이다. 한 사람의 내면에 영향을 미치지 않기가 불가능해 보이는 하늘이었다. 올리버 색스가 "나는 죽을 때가 되면 별이 가득한 밤하늘을 보고 싶어"라고 말한 이유를 알 것 같았다(그 말을 들은 친구들은 말했다. "우리가 그렇게 해줄게." 그리고 정말 그렇게 했다. 친구들이 휠체어를 밀어서 색스에게 별을 보여주었다). 한국에 돌아온 다음에도 그날 밤을 잊지 못한 나는 친구에게 별 이야기를 들려줬다.

"별은 진짜 아름다워. 거기선 별자리가 완전히 무한이야. 상상하는 대로 만들 수 있어."

내 이야기를 듣던 친구는 이렇게 대답했다.

"우리도 별자리를 만들자."

나는 이번에는 친구의 말에 압도되었다. 정신적인 자극이었던 별이 뭔가 실천적인 자극이 된 것만 같았다. 나는 칠레의 별 이후 우리 인류에게는 영원할 몸짓인 하늘을 올려다보는 몸짓을 가진 인간족의 한 명이 되었다.

나는 매일 밤하늘을 본다. 매일 밤의 하늘은 아무것도 보이지 않는 순간에조차 그날의 하늘을 불러온다. 그날 밤의 별은 두고두고 즐겁게 떠올릴 추억이 되었다.

"인간에게 별이 왜 있어야 하는지 이해가 된다니까."

심한 스트레스 속에 살지만, 찬란함 없이 살지만, 하늘을 올려다볼 겨를도 없이 살지만 실은 인간은 영혼을 가지고 있고 그 영혼의 호소에 대답해줄 것이 필요하므로 별은 있어야 한다. 사랑하는 사람이 언젠가는 저 하늘나라로 떠나므로, 그러고 나면 우리는 계속 꿈을 꾸고, 사랑하는 사람이 빛나는 모습으로 돌아와주기를 기다리므로 별은 있어야 한다.

별이 가득한 밤하늘 덕분에 나 자신에 대해서 알게 된 것이 있다. 나에게는 감탄이 필요하다. 감탄이 없으면 나는 아무것도 아니고 아무 힘도 내지 못한다. 감탄스러운 것을 볼 기회를 놓치면 어쩌나 걱정이 된다. 감탄스러운 것이 사라져버릴까 걱정이 된다. 감탄스러운 것을 지키지 못할까 봐 걱정이 된다.

수년의 세월이 흐른 어느 날 친구와 다시 별자리 이야기를 나누게 되었다. 그러나 정작 친구는 자신이 그런 엄청난 이야기를 했다는 사실을 까마득히 잊어버리고 있었다. 내가 상기시켜주었다. 그러나 그것이 실수였다. '연결이 꿈이고 연결이 모든 것'이라는 모토를 가진 친구는 그전에는 툭하면 "연결되셨습니까?"라고 묻더니 그다음부터는 "우리 별자리를 만들자!"라고 말하기 시작했다.

책을 좋아하는 사람들의 별자리

동물을 사랑하는 사람들의 별자리

고래를 사랑하는 사람들의 별자리

숲을 지키려는 사람들의 별자리

산불을 막으려는 사람들의 별자리

바다를, 강을, 산호를, 산양을, 갯벌을,
노랑부리저어새를, 도요새를 지키려는 사람들의
별자리……

서로의 이야기 속에 섞여들었으면 좋았을 사람들이 얼마나 많던지. 만나지 못했지만 만났어야 할 사람들은 얼마나 많던지. 앞으로 만들어져야 할 별자리들은 어찌나 많은지. 연결되어야 할 사람들은 얼마나 많은지. 연결이 얼마나 많은 사람들을 좌절과 외로움에서 풀려나게 할지. 얼마나 많은 일을 가능하게 할지. 얼마나 새로운 대화를 하게 할지. 얼마나 많은 이야기를 만들어낼지. 별자리는 세상의 어디가 우리 자리인지 알게 되는 이야기, 자신의 자리를 찾는 이야기다. 나는 이것을 '우리의 발명'이라 부른다(나의 전작의 제목은 '삶의 발명'이었다).

하얀 광부 모자는 아타카마 사막의 광부에게 받은 선물이다.

> 지구 반대편 외진 곳에서 고독하게 일하는 우리를
> 잊지 말아주세요.

여태껏 그들을 잊은 적 없다. 앞으로도 잊지 못할 것이다. 우리는 서로 떨어져 있지만 커다란 이야기 안에서 연결되어 있다. 별이 있어서 어두움을 견디는 이야기 안에서.

칼새와 애도 공동체

살면서 몇 번은 별자리 속에 있었던 것도 같다.

처음 새에 빠져들 무렵 새에 대해 약간이라도 아는 사람이 '되어가고' 싶어서 새 도감을 사고 새에 관련한 책들을 읽기 시작했다. 그중에는 헬렌 맥도널드의 책 『저녁의 비행』도 있었다. 책에는 내가 처음 들어보는 새에 관한 글이 있었다. 칼새였다.

칼새는 읽을수록 이해 불가능한 새 같았다. 헬렌도 칼새는 "인간의 이해를 넘어서는 마법의 영역에 속하는 속성"을 지닌 새라고 표현한다. 칼새는 땅에 내려오지 않는다. 칼새는 하늘에 떠 있는 곤충을 먹고 하늘을 날면서 짝짓기를 한다. 칼새는 잠도 하늘에서 잔다. 두 눈을 다 감은 채 하늘에 떠서 잔다.

칼새의 잠에 대한 아름다운 이미지가 책에 나온다. 1차 세계대전 중에 특별 야간 운행을 하던 프랑스 조종사가 3천 킬로미터 상공에서 엔진을 끄고 적의 경계선 쪽으로 조용히 미끄러져 내려가고 있었다. 보름달이 환한 밤이었다.

> 갑자기 우리가 낯선 새들 사이에 있다는 걸 깨달았다. 그 새 떼는 아무런 움직임이 없었고, 아니 적어도 눈에 띌 만한 반응을 보이지 않았다. 비행기 밑으로 불과 몇 야드 떨어지지 않은 곳에 그 많은 새들이 드넓게 쫙 흩어져 있었다. 마치 그 밑에 하얀 구름바다를 뚫고 갑자기 나타난 것 같았다. [⋯] 가까이 가서 보니 그들은 마치 보름달에 반사된 빛이 비추는 앙증맞은 까만 별 무리 같았다. [⋯] 그 머나먼 하늘, 차가운 공기, 고요함, 흰 구름 너머 높이 날던 새들은 잠을 자면서 그대로 하늘에 떠 있었던 것이다.[4]

칼새는 하늘에서 잡아챌 수 있는 것들로 둥지를 만든다. 이를테면 상승 온난 기류를 타고 온 마른풀, 털갈이를 끝낸 비둘기 가슴 털, 꽃잎, 나뭇잎, 나비, 종잇조각 같은 것들을 재료로. 어린 칼새는 둥지를 떠나면 두세 해 동안 비행을 멈추지 않는다.

여름날 저녁은 특히 신비로운 일이 벌어진다. 알을 품거나 새끼를 돌보는 무리가 아니라면 칼새는 갑자기 무슨 소리에 응답이라도 하듯 까마득하게 높은 하늘 저 멀리로 올라가 사라진다. 칼새가 이렇게 하늘 높이 올라가는 것을 '저녁의 비행vesper flight'이라고 부른다. 하늘을 서식지로 아는 새라니, 칼새는 칼새로 살기 위해서 몸의 어떤 부분을 어떻게 바꿔야 했을까?

칼새를 한번 보고 싶은 소원이 생겼다. 칼새를 보려면 어디로 가야 할까? 놀랍게도 우리나라에 있었다. 특히 우도에서 목격담이 들려오기 시작했다. '우도에 가야겠어.' 간절히 원하면 전 우주가 도와준다더니 2024년 초에 우도작은도서관에서 나에게 부탁할 것이 있다고 연락이 왔다.

"저도 부탁이 있어요."
"뭐든 다 말씀하세요."
"칼새 좀 보여주세요."
"칼새요?"
"네."
"처음 들어보는데요."
"우도에 있어요."

"어디에요?"

"절벽에. 검멀레 해변에."

"검멀레 해변은 아는데……."

"우리 여름에 칼새 같이 봐요. 꼭 여름이어야 해요."

우리는 7월에 칼새를 같이 보기로 굳은 약속을 했다. 많이 설렜다. 그런데 약속을 잡을 때까지 전혀 모르던 것이 있었다. 내가 몇 달 뒤에 엄마를 잃으리라는 것을.

나는 7월에 엄마를 잃었다. 칼새를 보기로 한 날 일주일 전이었다. 장례식을 마친 나는 우도작은도서관 사람들에게 내 상황을 알리고 의논을 했다. 가기로 했다.

가지 말았어야 했나 보다. 나는 제주로 가는 비행기 안에서도, 성산항으로 가는 버스 안에서도 계속 울었다. 성산항에 도착하자 우도작은도서관에서 나온 분이 나를 기다리고 있었다.

"작가님의 일정을 담당할 민아예요."

민아는 그야말로 찬란하게 웃으면서 나를 맞아주었다. 할 수 없이 나도 찬란하게 웃었다.

우도로 가는 배에는 승객이 거의 없었다. 우리는 별말 없이 바다를 바라보았다. 날이 흐렸다. 바다에는 커다란 해파리가 보였다.

"기후위기 때문인지 해파리가 많아졌어요."

우도항에 도착했다.

"제 차가 낡아서 불편하실 거예요."

주차장에는 차가 열 대 넘게 주차되어 있었다. 앞 유리창에 거미줄 같은 금이 간, 굉장히 낡아 보이는(마치 지난 몇 달 동안 거기 주차되어 있던 것 같은) 먼지 낀 차 한 대만 빼고는 별문제 없어 보였다.

"괜찮아요. 저 차만 아니면요."

"바로 저 차예요."

민아는 찬란하게 웃으면서 말했다.

차에 타자마자 비가 내리기 시작했다. 열린 창문으로 비가 몰아쳐 오른팔이랑 원피스가 젖어가고 있었다.

"작가님, 차에 에어컨이 없어요. 창문을 닫으면 더울 거예요. 쪄 죽을래요? 비 맞을래요?"

"둘 중에 골라야 한다면 비를……."

바람의 방향 때문에 나만 젖고 민아는 젖지 않았다.

"차는 어쩌다 이렇게 금이 갔어요?"

"작년 크리스마스였어요. 헤드라이트가 나갔어요. 우도에선 밤에 운전할 일이 없어서 괜찮았어요. 그런데 그날은 크리스마스라 모임이 있어서 운전을 했는데 그날따라 앞에서 차가 오는 거예요. 사고는 면했는데 급하게 피하려다가 머리가 유리창에 부딪혔어요."

"저런, 머리 괜찮으세요?"

"네, 머리는 멀쩡하고 유리창이 부서졌어요."

슬쩍 민아를 봤다. 이마가 무척 단단해 보였다. 내가 엄청난 사람이랑 여행한다는 생각이 들었다.

그래도 비는 금세 그쳤다. 그리고 거짓말처럼 무지개가 떴다.

"무지개다!"

"어, 작가님 온다고 무지개가 떴나 봐요."

"우리 저 무지개를 따라가요!"

"좋아요."

우리는 좁은 골목 사이로 무지개를 따라갔다. 민아가 갑자기 차를 세웠다.

"여기가 무지개 보기 좋은 곳인가 봐요."

"우리 집이에요. 창문을 닫지 않고 나왔지 뭐예요."

민아가 창문을 닫고 나오는 사이 무지개는 사라졌다.

다음 날 나는 우도작은도서관 사람들이랑 서울에서 온 학생이랑 민아랑 칼새를 보러 갔다. 칼새는 있었다. 하늘에

한가득, 높이 날고 있었다. 나 빼고 모두 환호성을 터뜨렸다.

"칼새다!"

"혜윤 작가님, 칼새예요, 칼새!"

"작가님 온다고 칼새들이 많이 왔어요."

"우와! 우와! 칼새가 정말 있어! 살아 있어!"

칼새는 책에서 튀어나온 것처럼 날고 있었다. 내 눈으로 보면서도 그렇게 존재하는 것이 불가능해 보이는 존재. 끝없는 비행을 하도록 만들어진 존재. 경이로움과 신비로움을 사랑하는 사람들의 눈에 들어갈 존재. 그 칼새들이 활기차게 노래를 부르고 저 높은 곳까지 절대 멈추지 않고 날고 또 날고 있었다.

"도대체 몇 마리야? 하나 둘 셋…… 너무 많아. 셀 수가 없어."

저 아래 세상에 어떤 어둠이 있든 그 순간만큼은 칼새가 다 가로막고 있는 것 같았다. 엄마가 한 번이라도 돌아온다면 바로 그런 순간에 함께하고 싶었다.

"엄마, 칼새 보여?"

물론 나는 또다시 울었다. 그러나 이번에는 칼새가 가득 담긴 눈으로. 경이로움을 가득 담은 눈으로.

내가 검멀레 해변을 떠날 때 다시 한번 무지개가 떴다.

나는 해변에서 아주 작은 돌 하나를 기념품으로 들고 왔다.
돌고래 모양 돌이었다. 이 돌도 내게는 탤리즈먼이다.
그저 내가 슬픈 일을 겪었다는 이유만으로 칼새가 있나
없나 몇 번이나 답사를 하고, 그날 아침 칼새를 발견하고
"혜윤 작가님, 칼새! 칼새!" 나보다 더 고래고래 소리를
지르고, 내가 기운을 낼 수 있도록, 내가 미소를 짓도록 돕던
우도작은도서관 사람들과 나는 그 순간 '우리'였다. 그 순간
우리는 작은 공동체였다. 칼새와 애도 공동체.

  그 돌고래 돌을 볼 때마다 낯선 사람에게 베풀어진
환대를, 따뜻하고 친밀했던 순간을 기억한다. 슬픔과
경이로움과 따뜻함이 함께 있던 순간. 엄마의 죽음으로 크게
놀란 내가 다시 아름다움과 경이로움의 영역으로 들어설
수 있었던 순간. 그 순간에 만들어진 칼새 별자리. 이것은
탤리즈먼(돌멩이) 이야기면서 별자리 이야기면서 뷰티웨이
이야기(우도작은도서관 사람들=주술사. 나는 칼새와
그들 덕분에 아름다움의 상태로 되돌려졌다. 다시 뭔가를
시작할 수 있게 되었다. 다시 시작할 힘을 갖는 것, 나에게
가장 필요한 것이었다)다. 슬픔은 선물이 되었다. 이 이야기
안에는 내가 힘을 내는 두 가지 방식이 모두 들어 있다.
하나는 자연의 경이로움, 하나는 우리 인간이 할 수 있는
경이로운 일들.

어린 왕자의 이야기가 생각난다. "하늘을 올려다보면
너는 웃는 별 하나를 갖게 되는 거야." 내가 밝아지는 것은
나 하나에게만 의미 있는 일이 절대 아니다. 인생에는
아주 특별한 순간이 존재한다. 어떤 의미로는 거기 영원히
존재한다.

서로를 위한 이야기꾼

『호라이즌』을 쓴 배리의 진정한 욕망을 짐작게 하는 부분이
있다. 그는 영국의 남극 탐험가였던 어니스트 섀클턴의 약
1,350킬로미터 여정을 따라가는 여행을 한 적이 있다.

1914년 남반구의 여름, 어니스트 섀클턴은 인듀어런스호를
타고 남극 대륙을 횡단하는 최초의 사람들이 되고 싶은
탐험대원들과 여정을 시작했다. 그러나 인듀어런스호는
1915년 1월 남극 해역을 조금 앞에 두고 총빙에 갇혔다.
배는 더 이상 항해를 할 수 없을 정도로 심하게 훼손되었고
11월이 되자 침몰했다. 다행히도 그전에 섀클턴과 대원들은
배에서 탈출해 다섯 달 동안 생존할 만큼의 식량을 얼음
위에 옮겨놓을 수 있었다.
    그들은 다섯 달 안에 구명정들을 타고 얼음이 없는

해역으로 가기를 희망했다. 그들은 실제로 그렇게 했고 1916년 4월이 되자 엘리펀트라는 이름의 섬에 상륙했다. 상륙 열흘 뒤 섀클턴과 다섯 명의 선원은 구명정 한 척을 타고 사우스조지아섬으로 출발했다. 그들은 포경 기지가 그 근처에 있다는 것을 알고 있었다. 나머지 스물두 명의 선원은 펭귄 서식지에서 야영을 하며 섀클턴 일행을 기다리기로 했다.

  섀클턴 일행은 1,300킬로미터 이상을 노를 저어 사우스조지아섬에 도착했다. 그 시점에 구명정은 거의 못 쓰게 되었고 일행 중 두 명은 병에 걸렸다. 아픈 두 사람과 그들을 돌볼 한 사람을 남겨두고 섀클턴과 나머지 두 사람은 사우스조지아섬의 산마루를 오르기 시작했다. 이 위대한 등산으로 그들은 열흘 뒤 노르웨이의 포경 기지에 도착했다. 그들은 포경선을 타고 뱃길을 재촉해 섬의 반대편에 남겨두고 온 세 대원을 구조했다.

  이제 섀클턴은 여섯 사람이 다 같이 노르웨이의 포경선을 타고 엘리펀트섬으로 갈 수 있게 준비했다. 하지만 그 배는 총빙 때문에 — 때는 남반구의 한겨울로 접어들고 있었다 — 오히려 포클랜드 제도로 물러날 수밖에 없었는데, 그곳에서 섀클턴은 트롤 어선을 사용해보라는 제안을 받았다. 그러나 총빙이 또다시 항로를 막아섰고, 그러자 일행은 마젤란 해협에 있는 칠레의 푼타아레나스 항구로 갔다. 그곳에서 섀클턴은 십시일반으로 기금을 조성해준 지역 주민들의 도움으로 모터 스쿠너 에마호를 빌렸고 세 번째로 엘리펀트섬을 향해 출발했다.[5]

그러나 에마호는 목적지를 160킬로미터 정도 남겨두고 파손되었다.

   이번에는 칠레 정부가 섀클턴에게 옐초호라는 증기선을 대여해주었다. 일행은 이 배로, 사우스조지아섬에 당도하기를 간절히 바라며 엘리펀트섬을 떠났던 날로부터 129일이 지난 1916년 8월 30일, 마침내 엘리펀트섬 대원들의 야영지에 도착했다.
   섀클턴은 이 원정에서 단 한 사람도 잃지 않았다. 스무 달 전 인듀어런스호를 타고 웨들해의 총빙에 들어왔던 인원은 한 명도 빠짐없이 옐초호를 타고 고국을 향해 항해했다.[6]

나는 배리 로페즈가 어니스트 섀클턴의 이야기를 빌려 자신의 소망을 이야기했다고 느낀다. 그는 우리 중 단 한 명도 다치지 않도록 보호하기를 원하는 사람으'로서' 책을 썼다. 우리는 타인에게 자신의 모든 것을 줄 수도 있고, 아무것도 주지 않을 수도 있다. 배리는 모든 것을 주는 쪽을 택했다.

이 책의 모든 페이지는 그가 사랑한 흔적이다. 삶의 마지막 순간까지 그의 사랑은 계속 커져갔다. 그는 세상을 지금과는 완전히 다르게 봐야 그가 말한 신비가 우리 눈에 보인다는 것을 알고 있었고, 우리가 세상을 다르게 사랑할 가능성을 열어줄 이야기들을 정말 많이 하고 싶어 했다.

   그도 다른 많은 훌륭한 작가들처럼 누군가의 친구가 되려고 책을 썼다. 그는 동물이나 자연같이 목소리가 없는 것들의 친구가 되려고 책을 썼다. 목소리를 내긴 했지만 잘 들리지 않는 사람들의 친구가 되려고 책을 썼다. 그는 모두를 위한 이야기꾼이 되려고 했다. 메리 올리버가 말한 "우리는 서로를 위한 이야기꾼이 되어야 한다. 적어도 그런 노력을 기울여야 한다"에 해당하는 바로 그 이야기꾼이었다. 빛을 좋아하던 그는 빛이 되었다. 그는 우리의 어둠을 밝힐 수 있는 이야기를 많이 남겼다.

배리 로페즈를 비롯해서 많은 작가들 덕분에 내 삶에
일어난 일이 있다. 책을 사랑한 덕분에 사랑이 가리키는
방향이 많아졌다. 용기와 기쁨과 감탄과 경이를 가리키는
이름들이 많아졌다. 칼비노는 이야기의 도덕적 기능은
이야기하고 듣는다는 사실 그 자체에 있다고 했다. 우리는
원한다면 책 속의 누구라도, 이야기 속의 누구라도,
사랑과 용기와 기쁨의 대상인 그 누구라도 될 수 있다.
엷은울음참매도 새클턴도 될 수 있다.

　우리가 책을 읽는 동안 우리의 자아 바깥, 책 바깥에서는
새들이 아기를 기르고 나무가 이파리를 키우며 장차
사랑스러움이나 아름다움이나 신기함으로 불리게 될 많은
일들이 벌어지고 있다. 우리는 이들을 위한 이야기꾼이 될
수 있다. 서로를 위한 이야기꾼이 될 수 있다. 살아 있는 일이
아름다운 일이 되게 할 수 있다. 이렇게 우리 함께 어둠을
건너자!

책의 마법, 삶의 마법

서울의 독립 서점 이후북스에서 나의 책 『삶의 발명』 북토크를 하던 날의 일이었다. 맨 앞줄에서 나를 바라보는 불타는 여덟 개의 눈동자가 유독 눈에 들어왔다. 눈빛이 어찌나 뜨겁던지 녹아내릴 뻔했다.

  북토크가 끝나고 다른 사람들이 모두 돌아갈 때까지 네 명의 청년 여성들은 계속 남아 있었다. 그러고는 나에게 선물을 내밀었다. 노트 한 권이었다. 직접 가제본한 얇은 노트였다. 표지 아랫부분에는 작은 도요새 한 마리가 그려져 있었다. 페이지를 넘기면 첫 장에 이런 문장이 쓰여 있었다.

  우리 인간의 심장은 3백 그램이다. 새의 무게는 113그램이다. 우리는 그 작은 새의 용기에서 배울 것이 많다. 난기류와 폭풍우와 번개 속을 나는 새의 용기를 배울 수만 있다면 우리의 용기도 달라질 것이다.[1]

아무렴, 눈을 감고도 떠올릴 수 있는 문장이다. 이것은 내가
『슬픈 세상의 기쁜 말』에 쓴 문버드 이야기다.

    문버드는 도요새다. 번식지에서 월동지까지
14,000킬로미터를 1년에 두 번씩 날아가는 새. 그것도
거의 20년을. 날아간 총 거리를 계산하면 지구에서
달까지 갔다가 돌아올 만큼 먼 거리를 비행했다고 해서
'문버드'라는 별명이 붙었다. 도요새의 가느다랗고 연약한
다리, 부드러운 날갯짓, 그들이 처한 험악한 생존 환경을
생각하면 믿기지 않는 일이다. 문버드는 어떻게 그럴 수
있었을까? 작은 새의 먼 비행을 상상하는 것만으로도
마음속 뜨거운 뭔가가 살아난다. 다시 한번 경이감에 고개
숙이게 된다.

    113그램짜리 작은 새가 어떻게 난기류를 뚫고 그
먼 길을 날았단 말인가? 새의 날개힘살은 날기 시작한
지 사흘이 지나면 끊어질 지경이 된다. 새는 그래도
난다. 아마존을 통과해 안데스산맥을 넘어 파타고니아
해안을 따라 마침내 목적지라고 기억해둔 곳이 저 아래
발밑에 보일 때까지 난다. 그곳에 도착했을 때 과연
그곳은 기억 속의 그곳과 같을까? 인간에 의해 파괴돼
먹을 것이 씨가 말라 있지 않을까? 많은 새들이

그렇게 죽어갔다.[2]

나는 도요새에게 용기를 배웠고, 인간이 되는 법을 배웠다.
나는 그들이 살아남기를 바란다. 먼 곳을 날아온 새들이
배를 채우고 지친 몸을 쉴 수 있는 곳이 나에게도 천국이다.
도요새 한 마리에게라도 새로운 삶의 가능성을 열어줄 수
있다면 정말 기쁠 것이다.

이야기 이어 붙이기

노트 이야기로 돌아가자면 네 사람은 문버드를 인용한
뒤에 각각 자신이 낸 용기를 글로 썼다. 노트의 제목은 '용기
노트'였다. 그들은 용기를 내서 '문버드'라는 이름의 회사를
만들기로 했다는 이야기도 들려줬다. 내가 쓴 글이 누군가의
마음속에 스며들었다니, 누군가에게 필요한 순간에 필요한
존재였다니 가슴 벅찼다. 덧없을지도 모르는 말 몇 조각이
누군가의 마음속에 살기 시작하는 것은 감동적인 일이다.

진실되고 유용하고 싶다는 것은 책을 읽으면서 생긴
나의 소원이다. 그런 책들이 나를 도왔기 때문이다. 나는
그런 책을 읽으면서 수없이 용기를 냈고 나도 뭔가를

되돌려주고 싶다고 늘 생각해왔다. 그래서 나에게 글쓰기는 되돌려주기의 글쓰기다. 그날의 청년 여성들을 다시 만난다면 하고 싶은 말이 있다. 우선 내 이야기를 인생의 한 페이지에 이어 붙여주어서 고맙다고 말해야겠다. 이렇게 해서 내 이야기는 그들의 이야기가 된다.

  그러나 책을 읽고, 형형색색의 밑줄을 긋고, 페이지를 접어놓고, 메모를 달고, 포스트잇을 붙이고 노트에 옮겨 적는 행동은 감동 이상의 중요한 점이 있다. 뭘까?

  밑줄, 접어놓은 페이지, 옮겨 적은 글귀들은 우리의 정신 상태를 알게 한다. 밑줄 친 문장들은 각자의 마음이 필요로 했던 바로 그 말들이다. 모든 페이지마다 감탄하고 사랑을 느끼고 뭔가를 놓치지 않으려 하는 것은 독자 자신의 마음이다. 책의 아름다움은 책에서만 나오는 것이 아니라 독자로부터도 나온다. "어느 여름 저녁 세상 시름을 잊은 채 강둑 너머를 내려다보는 이의 눈을 통해 강을 바라본다. […] 이 사람을 찾으러 가자(이내 명백해지는 것은 이 사람이 바로 우리 자신이라는 사실이다)."[3]

어느 용기가 필요한 사람이, 앞날이 두려운 사람이, 상실감에 젖어 있는 사람이, 낙담한 사람이, 어두운 예감에 사로잡힌 사람이 문장 안에 있는 힘을 발견하고 문장을 붉은 실

삼아 가슴의 상처를 꿰매려고 할 때, 문장을 유일한 친구 삼아 스스로 다짐을 할 때, 이렇게 문장을 삶으로 옮기려고 할 때 이야기는 거기서 끝나지 않는다. 존 버거의 표현을 빌리면 "다른 사람이 뭔가를 먹고 있는 모습을 굶주린 사람이 볼 때 이야기가 거기서 끝나지 않는" 것처럼. 나는 이 과정에 내 나름대로 이름을 붙였다. '이야기 이어 붙이기.' 독자는 자신이 이어 붙인 이야기를 닮는다. 독자는 자신이 누구였는지가 아니라 누구이고 싶은지 알 수 있다.

읽기 전에는 없던 가능성

특별히 소중하게 간직하는 책이 있다는 것은 마음을 다른 것, 자신이 가치를 부여한 어떤 것들로 채우고 있다는 의미이기도 하다. 책 읽기는 낯설거나 새롭거나 유혹적인 어떤 것을 받아들이면서 느리게 서서히, 어쩌면 영원히 변하는 과정이다. 책 읽기는 이렇게 삶에 개입한다. 책을 읽으면서 자신을 대면하고 돌아보고 자신의 진실을 발견하고 그 발견을 뜻깊은 일로 여기고 삶과 연결시킬 때 독서는 독자의 고유하고 창조적인 경험이 된다.

책을 읽고 자신을 돌아본다는 것은 결코 작은 일이 아니다.

읽기는 스스로에게 '기회 주기'이자 '씨앗 뿌리기'다. 책 한 권이 삶의 전환점이자 어떤 일의 시작점이 될 수 있다. 우리는 모든 페이지마다 삶을 새롭게 시작할 기회를 가질 수 있다.

더 고무적인 것은 읽는다는 사실 자체만으로도 뭔가가 바뀐다는 점이다. 책을 읽고 난 후 (아무것도 하지 않고) 그냥 어떻게 살기로 결심하는 것만으로도, 어쩐지 뭔가 달라져야 할 것 같다고 느끼는 것만으로도 삶의 새로운 지평이 열릴 수 있다. 읽기 전에는 없던 가능성, 다르게 보고 다르게 관계 맺을 가능성이 생긴다(대부분의 경우 새로운 '관계' 맺기는 해방이다). 운명이 살짝 방향을 트는 순간이다.

처음에는 알아차리지 못할 수 있다. 그러나 책 속에 묻어놓은 우리 마음은 언젠가 기억에서 올라와 더 좋은 선택을 하게 돕는다. 책 속에 묻어놓은 마음은 봄이 되면 꽃을 피운다. 파울 첼란의 표현을 빌리자면 "진실에 대한 기다림도 진실하다".

책은 현재에 찾아와 미래에 대해 이야기한다. 책은 지금까지와는 다른 삶이 시작되게 할 수 있다. 오래된 자아는 사라지고 그 자리에 다른 것이 오게 할 수 있다. 새로운 목소리를 내게 할 수 있다. 나였던 사람을 나여야 할 사람으로 바꿀 수 있다.

   독자는 자신이 사랑하는 책을, 마르고 닳도록 읽은 책을, 늘 곁에 두는 책을 닮아간다. 책이 어떻게 그렇게 하는지는 설명할 수 없다. 그래서 책의 마법이다. 프루스트는 "독서는 마법의 열쇠"라는 표현을 썼다. 책이 아니었다면 우리가 들어갈 수 없었던 우리 내면의 문을 열어준다는 점에서.

책의 마법에도 약점이 있다. 마법치곤 속도가 좀 느리다. 대신 더 풍요롭고 예기치 못하게 다채롭다. 책과 삶은 대체 어떤 관계일까. 바꾸어 말하면, 책을 읽으면서 우리가 얻는 것은 과연 무엇일까? 질문으로 한번 만들어봤다.

   몇 번이고 다시 읽고 싶은 책은?
   몇 번을 읽어도 새로운 책은?
   읽기 전과 후 세상을 다르게 보게 만든 책은?
   내 속에 들끓는 소음을 목소리로 만들어준 책은?
   말하는 방법을 찾게 한 책은?
   자아를 가장 많이 바꿔준 책은?
   나에게 이미 일어난 일들을 이해하게 한 책은?
   마음에 오래 남을 아름다움을 간직한 책은?
   미래라고 하는 안갯속으로 들어갈 때 등불로 삼고

싶은 책은?

과거의 나, 장차 되고 싶은 나, 그 둘 사이의 연결고리로 삼고 싶은 책은?

그런 책이 필요한지도 몰랐는데 읽고 보니 정말 나에게 필요했던 책은?

닫힌 마음의 문을 열어준 책은?

읽고 행동을 바꾸게 만든 책은?

믿고 의지하는 책은?

이런 질문들 속에서 책과 삶의 경계선이 흐릿해진다. 지금은 아니어도 언젠가 이 질문 중 몇 개의 대답을 채울 수 있다면 그 목록이 우리 자신에 대해 정말로 풍성한 말을 해줄 수 있다.

독자이면서 동시에 '어떻게 살까?'가 늘 질문 거리인 사람으로서 나의 열정은 책 자체라기보다는 나와 책과의 관계 속에서 벌어지는 일에 있다. 자아는 늘 어떤 관계 속에서 만들어지는 것이니 책과의 관계 속에서 만들어지는 자아도 있을 것이다. 읽기도 삶도 타인에 의해 풍성해지는 것이다. 아일린 마일스의 말처럼 무언가를 사랑하게 되면 결국 그것을 삶에 사용하게 된다.

책을 읽은 우리가 배운 것을, 새로 알게 된 것을 소중히
여기고 서로를 조금 더 깊이 이해하게 된다면, 우리의
대화가 깊어진다면, 서로를 돕는다면, 전에 하지 않던
생각을 한다면, 전에 하지 않던 것을 사랑하기 시작한다면,
전에 내지 못한 용기를 낸다면, 내가 무엇인가에 꼭 필요한
존재임을, 사랑하고 사랑받는 존재임을 가슴으로 알게
된다면, 그 모습으로 세상에 참여한다면, 작은 온기와 기쁨,
변화라도 만들어낼 수 있다면, 그렇게 마법 같은 일이
벌어진다면 그것은 책의 마법인가, 삶의 마법인가?

읽기는 우리 인류의 특별한 존재 방식이다. 우리가 책을
필요로 하지 않는 날은 없을 것이다. 우리는 계속 어떤
일인가를 겪을 것이다. 어떤 일을 겪는 것은 우리가 살아
있기 때문이고 삶이 진짜이기 때문이다. 어차피 우리 인간은
크고 작은 상처투성이고 살기 위해 계속 힘을 내야 하는
운명을 타고났다. 책은 바로 이럴 때 필요하고 이런 마음에
스며든다.
　우리는 읽는다. 외롭고 괴롭기에. 우리는 읽는다. 도움이
필요하기에. 우리는 읽는다. 희망이 필요하기에. 우리는
읽는다. 길을 찾길 원하므로. 읽기는 마음속에 아름다움이
피어나는 일이다. 우리는 가슴에 아름다움이 있는 채로

살아낼 수 있다. 독자인 우리의 삶은 어디에 있는가? 읽은 책 너머, 쓰인 책 너머, 아직 읽히지 않은, 쓰이지 않은 우리의 삶이 있다.

미주

계속 말을 거는 목소리 하나가 마음에 남을 수 있다
1. 야마오 산세이, 「시시포스」, 『나는 숲으로 물러난다』, 최성현 엮고 옮김, 상추쌈, 2022, 198-199면.

삶의 재료
1. 빌렘 플루서, 『몸짓들: 현상학 시론』, 안규철 옮김, 김남시 감수, 워크룸 프레스, 2018, 62-63면.
2. 위의 책, 63, 67면.
3. 위의 책, 69-70면.
4. 존 버거, 『초상들: 존 버거의 예술가론』, 김현우 옮김, 톰 오버턴 엮음, 열화당, 2019, 323-324면.

변신의 여행
1. 허먼 멜빌, 『모비 딕』 1권, 황유원 옮김, 문학동네, 2019, 398면.
2. 위의 책, 503면.
3. 위의 책, 311면.
4. 위의 책, 428-431면.

슬픔, 아름다움, 운명
1. 제프 다이어, 『그러나 아름다운』, 황덕호 옮김, 을유문화사, 2022, 248면.
2. 위의 책, 123면.
3. 위의 책, 154-155면.
4. 위의 책, 146면.
5. 위의 책, 151-152면.
6. 위의 책, 158면.
7. 위의 책, 196면.
8. 버지니아 울프, 『등대로』, 이미애 옮김, 민음사, 2014, 263면.
9. 위의 책, 328면.
10. 어맨다 고먼, 「아침의 기적」, 『불러줘 우리를, 우리 지닌 것으로』, 정은귀

옮김, 은행나무, 2022, 183면.
11. 세사르 바예호,「두 별 사이에서 부딪치다」,『오늘처럼 인생이 싫었던 날은』, 고혜선 옮김, 다산책방, 2017, 221-222면.

내 인생 이야기하는 법
1. 윌리엄 칼로스 윌리엄스,『패터슨』, 정은귀 옮김, 민음사, 2021, 245-246면.
2. 이탈로 칼비노,『이탈로 칼비노의 문학 강의: 새로운 문학의 길을 찾는 이들에게』, 이현경 옮김, 에디토리얼, 2022, 82면.
3. 위의 책, 82-85면.
4. 위의 책, 88면.
5 미야자와 겐지,「고이와이 농장」,『봄과 아수라』, 정수윤 옮김, 읻다, 2018, 36면.

우리 함께 어둠을
1. 비스와바 쉼보르스카,「두 번은 없다」,『끝과 시작』, 최성은 옮김, 문학과지성사, 2021, 33-34면.
2. 배리 로페즈,『호라이즌』, 정지인 옮김, 북하우스, 2024, 282-283면.
3. 위의 책, 84면.
4. 헬렌 맥도널드,『저녁의 비행』, 주민아 옮김, 판미동, 2021, 264-265면.
5. 배리 로페즈, 위의 책, 833면.
6. 위의 책, 833면.

책의 마법, 삶의 마법
1. 정혜윤,『슬픈 세상의 기쁜 말: 당신을 살아 있게 하는 말은 무엇입니까』, 녹스, 2025, 175-176면.
2. 위의 책, 174면.
3. 버지니아 울프,「런던 거리 쏘다니기」,『존재의 순간들』, 최애리 옮김, 열린책들, 2022, 183면.

참고 문헌

- 미야자와 겐지, 『봄과 아수라』, 정수윤 옮김, 인다, 2018.
- 배리 로페즈, 『호라이즌』, 정지인 옮김, 북하우스, 2024.
- 버지니아 울프, 『등대로』, 이미애 옮김, 민음사, 2014.
- ＿＿＿, 『존재의 순간들』, 최애리 옮김, 열린책들, 2022.
- 비스와바 쉼보르스카, 『끝과 시작』, 최성은 옮김, 문학과지성사, 2021.
- 빌렘 플루서, 『몸짓들: 현상학 시론』, 안규철 옮김, 김남시 감수, 워크룸 프레스, 2018.
- 세사르 바예호, 『오늘처럼 인생이 싫었던 날은』, 고혜선 옮김, 다산책방, 2017.
- 야마오 산세이, 『나는 숲으로 물러난다』, 최성현 엮고 옮김, 상추쌈, 2022.
- 어맨다 고먼, 『불러줘 우리를, 우리 지닌 것으로』, 정은귀 옮김, 은행나무, 2022.
- 윌리엄 칼로스 윌리엄스, 『패터슨』, 정은귀 옮김, 민음사, 2021.
- 이자크 디네센, 『바베트의 만찬』, 추미옥 옮김, 문학동네, 2024.
- 이탈로 칼비노, 『이탈로 칼비노의 문학 강의: 새로운 문학의 길을 찾는 이들에게』, 이현경 옮김, 에디토리얼, 2022.
- 제프 다이어, 『그러나 아름다운』, 황덕호 옮김, 을유문화사, 2022.
- 존 버거, 『초상들: 존 버거의 예술가론』, 김현우 옮김, 톰 오버턴 엮음, 열화당, 2019.
- 파블로 네루다, 『모두의 노래』, 고혜선 옮김, 문학과지성사, 2016.
- 허먼 멜빌, 『모비 딕』, 황유원 옮김, 문학동네, 2019.
- 헬렌 맥도널드, 『저녁의 비행』, 주민아 옮김, 판미동, 2021.

책을 덮고
삶을 열다

초판 1쇄 — 2025년 10월 10일
　　 2쇄 — 2025년 10월 30일
　　 3쇄 — 2025년 12월 20일

지은이 — 정혜윤
펴낸이 — 이재현
편집 — 곽성하
디자인 — 오혜진(오와이이)
디자인 도움 — 이주아
제작 — 세걸음

펴낸곳 — 녹스
출판등록 — 제2025-000066호
주소 — 경기도 파주시 돌곶이길 180-38 1층
전화 — 031.942.5635
팩스 — 031.935.0535
이메일 — nox.et.libro@gmail.com
인스타그램 — nox.et.libro
ISBN 979-11-994058-0-6 03810

ⓒ 정혜윤, 2025

*이 책의 일부 또는 전부를 사용하려면 반드시
저작권자와 출판사 양측의 동의를 얻어야 합니다.